世界のミステリー100図鑑

エディターのヴィクトリアへ、
私が書いたものを必ずよくしてくれたことと、
あなたの尽きない明るさに感謝します。
— T. A.

エージェントのスーザンへ、
この本が完成するまでずっと励ましてくれたことに
感謝します。
— Y. I.

THE BIG BOOK OF MYSTERIES
Text Copyright © Tom Adams 2022
Illustration Copyright © Yas Imamura 2022
This translation of The Big Book of Mysteries is published by arrangement
with Nosy Crow Limited, London
through Tuttle-Mori Agency, Inc., Tokyo.

世界のミステリー 100 図鑑

BL出版

目次

- 6 – 7　まえがき

消えた人たち
- 8 – 9　危険な空へ飛びたった人たち
  - アメリア・イアハート
  - フレデリック・ヴァレンティッヒ
- 10 – 11　海で消えた人たち
  - フラナン諸島の謎
  - 消えた大女優
- 12 – 13　史実かフィクションか？
  - ドラキュラ
  - 女教皇ヨハンナ
  - アーサー王
- 14 – 15　消えた村
  - ロアノーク植民地
- 16 – 17　幽霊船
  - メアリー・セレスト号
  - フライング・ダッチマン

UFO
- 18 – 19　宇宙からの訪問者
  - 日航ジャンボ機 UFO 遭遇事件
  - トラン=アン=プロヴァンス UFO 事件
  - USS ニミッツ UFO 事件
  - マンスフィールドのヘリコプター UFO 事件
- 20 – 21　未知との遭遇——宇宙人だ！
  - ロバート・テイラー
  - バーニー・ヒルとベティ・ヒル
- 22 – 23　宇宙人が存在する証拠
  - WOW！シグナル
  - 宇宙人がアメリカで暮らしている？
  - ロズウェル事件——UFO が地球に不時着？

自然現象
- 24 – 25　空に浮かぶ光
  - ライトピラー（光柱）
  - オーロラ
  - ヘスダーレンの光
- 26 – 27　空から〇〇が降ってきた
  - 血の雨
  - ゼリーが降ってきた
  - 魚が降ってきた
- 28 – 29　地球上の謎のエリア
  - マピミ砂漠のサイレントゾーン
  - バミューダ・トライアングル
- 30 – 31　不思議な岩
  - 滑る石
  - 動く砂
  - 鳴る岩
- 32 – 33　不思議な水
  - 砂漠の不思議な湖
  - 血の滝
  - ミルクシェイクみたいな湖
- 34 – 35　不思議な輪
  - 砂漠のフェアリーサークル（妖精の輪）
  - 宇宙から見える氷の輪
  - ミステリーサークル？

未確認生物
- 36 – 37　海の怪物？
  - 怪物に注意！
  - 潜水艦を襲った怪物
  - 大西洋を横断中に
- 38 – 39　ネス湖のネッシー
- 40 – 41　毛深いモンスター！
  - ビッグフット
  - イエティ
  - ヨーウィー
- 42 – 43　危険な野獣とヤギ男！
  - ボドミンムーアの獣
  - 「ワース湖に怪人ヤギ男が出没」
  - ジェヴォーダンの獣
- 44 – 45　悪魔のような怪物
  - ジャージー・デビル
  - ベジタブルマン（野菜男）
  - モスマン（蛾男）

つくり話
- 46 – 47　完璧な写真
  - コティングリーの妖精
  - 外科医の写真
- 48 – 49　古代の洞窟
  - テンプル騎士団の地下道
  - マーゲイトの貝殻洞窟

50 – 51　ペテンやうその ほら話
　　　　　　ピルトダウン人
　　　　　　大西洋岸北西部のキノボリダコ
　　　　　　転がる岩

消えさった場所

52 – 53　存在しない島
　　　　　　ハイ・ブラジル
　　　　　　クロッカーランド
54 – 55　海に沈んだ都市
　　　　　　アトランティス
　　　　　　ヴィネタ
56 – 57　バビロンの空中庭園
58 – 59　失われた都市
　　　　　　エルドラド
　　　　　　リベルタティア
60 – 61　埋もれた財宝
　　　　　　失われた金鉱（ロストダッチマン鉱山）
　　　　　　オーク島

心霊現象

62 – 63　死者の霊とポルターガイスト
　　　　　　死者の霊と話す
　　　　　　デリーゴネリーの悪魔
64 – 65　幽霊屋敷
　　　　　　マリー・アントワネットの幽霊
　　　　　　エンフィールドのポルターガイスト
66 – 67　魔女狩り
　　　　　　セイラム魔女裁判

人の心と体の不思議

68 – 69　集団ヒステリー
　　　　　　危険なダンス
　　　　　　笑いは、最良の薬？
　　　　　　体が勝手に動きだす
70 – 71　超能力
　　　　　　単なるマジック？
　　　　　　プラセボ効果
72 – 73　ひとりでに人が燃える
　　　　　　ドクター・ジョン・アーヴィング・ベントレー
　　　　　　コーネリア・デ・バンディ伯爵夫人
　　　　　　人体自然発火現象

先人の知恵

74 – 75　天空の都市
76 – 77　ストーンヘンジと地上絵
　　　　　　ストーンヘンジ
　　　　　　ナスカの地上絵
78 – 79　不思議な墓と地下通路
　　　　　　バイエルン州のマンドレイク洞窟
　　　　　　つぼだらけのジャール平原
80 – 81　墓がない
　　　　　　王妃ネフェルティティ
　　　　　　アレクサンドロス大王
　　　　　　チンギス・ハン

謎の遺物

82 – 83　古代世界を読みとく
　　　　　　ヴォイニッチ手稿
　　　　　　ファイストスの円盤
　　　　　　シューボーローの碑文
84 – 85　謎の暗号
　　　　　　隠された黄金
　　　　　　ドラベッラの暗号
　　　　　　力つきた伝書バト
86 – 87　呪いか偶然か？
　　　　　　ホープダイヤモンド
　　　　　　黒太子のルビー
　　　　　　コ・イ・ヌール・ダイヤモンド
88 – 89　ドクロ工作
　　　　　　サルのドクロ
　　　　　　古代人の水晶ドクロ？
　　　　　　ヴァンパイア封じ
90 – 91　驚くべき古代の遺物
　　　　　　2000年前のコンピューター
　　　　　　古代の電池？
　　　　　　宇宙人に飛行技術を教わった？

92 – 93　用語解説
94 – 95　索引

まえがき

君は驚くかもしれない。この世界に説明のつかない不思議な謎が、いくつも残されていると知ったら……。

**メアリー・セレスト号の乗員の身になにがあったのか？
アーサー王は実在したのか？ バビロンの空中庭園はどこにあるのか？**

人類は深海にもぐり、最も高い山に登り、不毛の砂漠や人里離れたジャングルを探検し、宇宙にまで飛びたった。テクノロジーによって世界をどこまでもくわしく調べられるようになった。人体についても研究は進み、いままでわかっていなかったことが明らかになっている。コンピューターを使って人の心をのぞきこみ、記憶がたくわえられる仕組みを調べ、研究室で新しい生命をつくり、思考だけで人と人をつなぐことも可能になった。

こんなに科学が進歩すれば、説明のつかないことなんて、ほとんどない。だからこそ本当に不思議な謎は、想像力をかきたてる。世界にはまだ、驚くべき謎がいくつも残っていたのだ……。

ストーンヘンジ、ギザの大ピラミッド、アンティキティラの機械、ファイストスの円盤。こんな建造物や遺物を、古代に生きていた人類の祖先がつくったとは信じられない。それでも、私たちがいまもこの目で見られるかたちで、証拠は残っている。とても賢い人たちが何年もかけて調べているのに、謎のままだ。

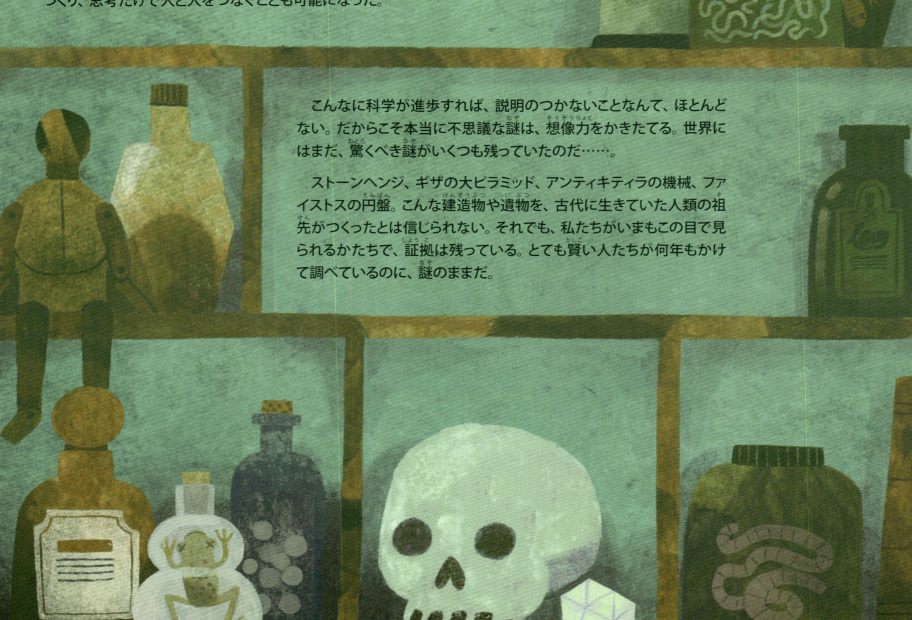

ほかの奇妙な謎についてはどうだろう？　はっきりした証拠が残っていない、存在するとはいいきれない妖精や、幽霊や、夜に起こるポルターガイストについては？

　昔の人たちは神話や民間伝承や伝説を通じて、世界を理解しようとしていた。なにもかも説明してしまう科学が現れるまでは、物語によって、生と死とはなにか、病気や苦しみがあるのはなぜか知ろうとしていたのかもしれない。死者の霊が墓からよみがえる話をつくって、愛する人を失って悲しむ心を慰めていたのだろうか。森に怪物がいるという話をして、人がいない危険な場所には行くなと伝えたかったのだろうか。それなら、現代にも目撃情報がある未確認生物、イエティやビッグフットも同じように生まれたのか。幽霊も、暗闇を怖がる私たちの心から生まれたもの？　宇宙人に誘拐される話に注目が集まるのは、よく知らない人を恐れる気持ちが、みんなにあるからなのだろうか？

　そうだとしても、いつも用心していよう。なにか奇妙なものを目にしたとき、説明のつかない信じられない出来事が起こったとき、人は想像力に流されてしまう。そんなときはいったん落ちついて、不思議に見えるけど、よく考えれば説明がつくかもしれないと考えよう。感情に流されずに、ロジックと理性を駆使して、そこにある事実を見つめれば、単純な説明がぱっと浮かぶかもしれない。

　謎を調査するときは、うその証拠に気をつけなくてはいけない。現代社会には「事実」がそこらじゅうに転がっている。特にインターネットは怪しい「事実」だらけで、ソーシャルメディアを使うと、いやでも伝わってくる。インターネット、テレビ、たとえ本でも、目にした情報が本当とは限らない、いつも用心しておくことが大切だ。

　ミステリアスな出来事はみんなを夢中にさせるから、世界にはおもしろい話があふれている。この本で紹介しているのも、興味深い話ばかりだ。世のなかには説明のつかない事柄もある、なんていってあきらめないで、本当はなにが起こっているのか考えてみよう。

　疑問をもつことを怖がらないで、やわらかい頭で考えれば、君にも謎が解けるかもしれない。

危険な空へ飛びたった人たち

空で行方不明になった2人の飛行士。
2人になにが起こったのか、謎が解ける日はくるのだろうか?

アメリア・イアハート

1937年7月2日、アメリアは危険な世界一周の旅に挑戦し、パプアニューギニアの町ラエを飛びたった。成功すれば、飛行機で世界を一周した最初の女性になるはずだった。アメリアの小型機ロッキード・エレクトラには、ナビゲーターのフレッド・ヌーナンも乗っていた。目的地はハウランド島。太平洋の上を約4000km飛んだ先にある、長さわずか数kmの小さな島だ。

アメリアは、もうすぐ無事ハウランド島に着きそうだと、沿岸警備隊に無線でメッセージを送っていた。だがその直後に、突然消えてしまった。なにが起こったのだろう?

燃料切れ、天候の悪化による事故、それとも目的地である小さな島を見失ったのだろうか。捜索隊が空と海をくまなく捜しても、アメリアと飛行機は見つからなかった。現代の高性能ソナーや深海ロボットを駆使しても、いまだ発見できていない。

ところが、1940年、ハウランド島から650km南にあるニクマロロという無人島で、調査隊は飛行機の部品、女性用の靴の一部、1930年代に販売されていた化粧品のようなもの、さらに人骨を発見していた! アメリアの飛行機は大きく航路をはずれ、別の島に不時着して遭難していたのだろうか?

当時、人骨を調べた科学者たちは、これは男性の骨だと結論づけた。しかし、60年後に調査結果を見直した科学者たちは、これは女性の骨だ!と述べている。実際に骨をもう一度調べられれば確実だったのに、なぜか骨も行方不明になり、謎は解けていない……。

女性用の靴の黒いゴム製のかかと

そばかす、日焼け、ニキビ、赤みに1ドル25セント DR C.H BERRY CO

謎の頭蓋骨

ハウランド島
太平洋
ラエ

8 • 消えた人たち

フレデリック・ヴァレンティッヒ

プロのパイロットを目指していたオーストラリアの青年フレデリックは、1978年10月の夜に単独の訓練飛行をするため、メルボルンからタスマニア州キング島へ飛びたった。

離陸後すぐ、フレデリックから航空管制官に無線で連絡があった。300mくらい上を飛んでいるなにかに追跡されている。それの飛び方は普通ではない。その物体には光沢があって、4つのまぶしいライトがついている、というのだ。

"あれは飛行機じゃない"

管制官が、それはどこの飛行機だとたずねると、たったひとこと「あれは飛行機じゃない」と答えがあった。その返信を最後に、無線を通して金属どうしがこすれる恐ろしい音が響いたあと、なにも聞こえなくなった。フレデリックはそれきり行方不明になり、飛行機も見つかっていない。

同じ夜、フレデリックの飛行ルートの近くで、たまたま美しい夕日の写真を撮っている人がいた。そのなかに、フレデリック失踪の謎を解く一枚があると主張する人たちがいる。そこには、海から空へ急上昇する未確認飛行物体（UFO）が写っていた。さらにこの夜は、緑色の光を放つUFOがジグザグに空を飛んでいたという目撃情報が何件も寄せられている。フレデリックは宇宙人にさらわれたのだろうか？

それとも、もっとシンプルに説明がつくだろうか？ フレデリックはパイロットになるための訓練にとても苦労していた。飛行試験に何度か失敗し、夜間飛行の経験はほとんどなかった。だから方向を見失い、墜落した可能性はある。だとしたら、4つのまぶしいライトとはなんだったのだろう？ 雲のない夜には星がよく見える。ひょっとするとフレデリックが見た光は、惑星である金星、火星、水星と、明るく輝く恒星アンタレスだったのかもしれない。でも、確かなことはだれにもわからない。

消えた人たち • 9

海で消えた人たち

一見、単純なように見えて……
よく考えると奇妙な事件ばかりだ。

フラナン諸島の謎

フラナン諸島はスコットランドから少し北西の北大西洋にある島々だ。現在は無人島だが、1800年代末、そのうちの1つの島に3人の灯台守がいた。ジェームズ・デュカット、トーマス・マーシャル、ドナルド・マッカーサーの3人の仕事は、島に新しく建てられた灯台を管理し、周辺の荒々しい海域を船が安全に航行できるようにすることだった。

1900年12月26日、この島に物資を運ぶためヘスペラス号が近づいていくと、灯台の明かりが消えていた。船長が霧笛を鳴らし、照明弾を打ちあげても、灯台から反応はない。灯台守たちは、なにをしているのだろう？

ヘスペラス号から少人数の調査隊が島に向かった。灯台のなかのベッドは寝て起きたときのままのようすで、暖炉の火は消えて日がたっていた。いちばん謎だったのは、3人分の工具箱と防水コートのうち2人分がなくなっているのに、1人分だけ壁にかかったままだった点だ。

3人の灯台守は
どこにもいなかった

調査隊は島のすみずみまで捜した。鉄製の手すりが根元から折れているところがあった。大波が島を襲い、灯台守たちも波にさらわれたのだろうか？

しかし……海面より25mも高い場所にあった手すりを壊すほどの大波が、この島を襲った記録はない。そんな大嵐が本当にあったとしても、どうして防水コートは1着だけフックにかけられたまま残っていたのだろう？

10 • 消えた人たち

消えた大女優

　1900年代初め、イギリス出身の女優メアリー・エンプレスは「映画界で最も美しい女性」として有名だった。メアリーは世界初の映画の都ハリウッドでスターになるためアメリカに渡った。

　1919年10月16日、メアリーはイギリスに滞在したあとニューヨークへ戻るため、定期船オルドゥーニャ号に乗りこんだ。ところが11日後にアメリカに着いたとき、メアリーは船からいなくなっていた。

　船じゅうを捜索したところ、メアリーの客室には内側からカギがかかっていた。開けてみると、なかはもぬけのから。運ばれてきた夕食は手つかずのまま、ベッドで眠った形跡もなかった。客室の窓の幅はわずか30cm——どう見ても通りぬけられそうにない。

映画スターは、きれいさっぱり消え失せていた

　オルドゥーニャ号の乗客もみんな有名女優の顔を知っていたから、人の多い船内を気づかれずに歩くのはほぼ不可能だ。船旅の最後の夜に、メアリーを見た人は1人もいなかった。

　捜査官は客室で、メアリーが船から出した手紙の写しを見つけた。ニューヨークに着いたあと泊まる予定だったホテルへの予約の手紙だ。メアリーがニューヨークに行く気だったのはまちがいない。妙なことに、一般の人たちは有名女優が行方不明になっても、あまり騒がなかった。メアリーが消えたとニュースで発表されても、多くの人は宣伝行為だと思いこんだのだ。どうせニューヨークのパーティー会場で華々しく姿を現すのだろうと。でも、そんな再登場は実現しなかった。メアリーのスーツケースは船に残されたまま、本人は二度と姿を現さなかった。大西洋を渡る船旅のあいだにいったいなにがあったのか、いまも不思議につつまれている……。

史実かフィクションか？
興味深い物語の数々に、真実が隠れているとしたら？

ドラキュラ

1897年、アイルランドの作家ブラム・ストーカーは、世界で最も有名な（そして最も恐ろしい！）怪奇小説『ドラキュラ』を発表した。夜の闇にまぎれて人の生き血を吸う、鋭い牙をもつ冷酷な吸血鬼（ヴァンパイア）にして不死者の王、ドラキュラ伯爵の誕生だ。でも、この小説が書かれる前に、血に飢えたドラキュラが実在していたことを知っているだろうか？

そのドラキュラとは、15世紀ルーマニアのトランシルヴァニア地方ワラキアの君主ヴラド3世だ。父親は秘密結社ドラゴン騎士団を率い、この地方の言葉で「竜」を意味するドラクルと呼ばれていたため、ヴラド3世は「ドラクルの息子」という意味でドラキュラと呼ばれるようになった。ヴラドが血を吸っていたという記録はないが、血をたくさん見ていたことはまちがいない。地面に立てた杭に大勢の敵を串刺しにして見物していたから、串刺し公とも呼ばれていたのだ！

このヴラドと吸血鬼ドラキュラの関連をにおわせる不可解な謎がある。約120年前、調査隊がヴラドの遺体を調べるために墓を掘りかえしてみると、そこはからっぽだったのだ。ヴラドは本当に不死者の王だったのか？そしていまもどこかで暗躍しているのだろうか？

闇にまぎれて生き血を吸う、鋭い牙をもつ吸血鬼

12 • 消えた人たち

女教皇ヨハンナ

キリスト教最大の教派、ローマカトリック教会の指導者は、ローマ教皇（法王）と呼ばれている。約2000年前の初代教皇ペトロからずっと教皇は男性とされてきた。それなのに、数百年前から人々のあいだでささやかれている噂がある。なんと、1人だけ女性のローマ教皇がいたというのだ！ 800年代に生まれたヨハンナは勉強熱心だったが、当時、最高の教育を受けるには教会に入るしかなかった。だからヨハンナは男物のだぶだぶのローブを着て修道士になりすまし、昇進してついに855年、教皇になった。

2年間、女性だと知られずに教皇の務めを果たしていたが、ローマの街中を行列中の最悪のタイミングで突然の痛みに襲われる。いったいなにが起こったのだ？ と民衆が恐怖におちいるなか、教皇ヨハンナは赤ん坊を産みおとした……。こうして秘密は明らかになった。

果たして、これは本当の話だろうか？ 確かに1000年以上前の社会で女性には自由がなく、教育を受けるには男性になりすますしかなかっただろう。ただ、この話はヨハンナが生きていたとされる時代から、何百年もたったあとで書かれた記録に残されているのみなので、歴史学者たちは疑っている。

アーサー王

イギリス人にとって、アーサー王は国の英雄だ。勇敢で騎士道精神あふれるアーサーは、円卓の騎士を率いて強敵を打ち負かした。英雄は実在したのだろうか？

アーサーという名のブリトン人が、400〜500年代に軍団を率いて侵略者と戦ったのは事実だと考えられている。ただ当時に記録された文書はなく、数百年後の歴史書に初めてその名前が出てくる。そして1100年代になると、アーサー王は伝説となっていく。

歴史家のジェフリー・オブ・モンマスが、アーサーの友人で魔法使いのマーリンといった人物や、石に刺さった剣などの神話的な要素を加えたのだ。その後も物語は書きたされていき、アーサーに従う円卓の騎士、宮廷キャメロット、ドラゴンや巨人など怪物との戦いが加わって、いつしか伝説ができあがっていった。

おそらくアーサーという名の戦士は実在したのだろう。けれども、アーサー王伝説のどこまでが本当なのかはわからない。

消えた人たち • 13

消えた村

村じゅうの人がいなくなるなんて……いったいどこへ？

ロアノーク植民地

　1587年、100人あまりの男女と子どもたちが、イングランドからロアノーク島（現在のアメリカ、ノースカロライナ州沖の小さな島）へ渡った。アメリカに最初の植民地をつくるつもりだったのだが、見知らぬ土地への旅は困難で、生きのびるのも簡単ではなかった。実際あまりにも生活が大変だったため、村長のジョン・ホワイトは植民地に着いて数週間後、必要な物資を補給するためイングランドへ戻ることにした。

　ジョンがロアノークに戻ることができたのは3年後。帰ってみると村じゅうの人がいなくなっていた。ジョンの家族や友人たちは荷物をきっちりまとめて立ちさっていた。村長であるジョンに知らせず、いったいどこへ？

14 • 消えた人たち

影も形もなく、村じゅうの人がいなくなっていた

　残された手がかりは木に彫られたCROATOAN（クロアトアン）という文字だけだった。クロアトアンは、近くの島と、そこで暮らす先住民族の名だ。村の人たちは助けを求めてクロアトアンへ向かったのだろうか？　ジョンは船でその島を目指したが、嵐に見舞われ、あきらめてイングランドへ帰るしかなかった。

　それから何年も、多くの探検家や考古学者がロアノークの人たちの痕跡を求めて島を調べた。イギリスからの入植者たちは、クロアトアンとともに生きる道を選んだのか？　400年以上前、ロアノーク植民地の人々になにが起こったのか、現在も真実は突きとめられていない。

消えた人たち • 15

幽霊船

海は危険に満ちている。いつ奇妙な渦にのみこまれるかわからない。

メアリー・セレスト号

1872年11月7日、メアリー・セレスト号はアメリカのニューヨークを出港した。海へ出てから10年のあいだ何度も事故にあい、いつしか不吉な船と呼ばれるようになっていた。イタリアのジェノバを目指すこの航海では、船長のベンジャミン・スプーナー・ブリッグズ、彼の妻と2歳の娘、7人の船員が乗船していた。

出港から1カ月後、メアリー・セレスト号はヨーロッパ大陸から1500kmも離れた海上で漂流していたところを、別の船に発見された。船員たちがメアリー・セレスト号の内部を調べ、まのあたりにした不可解な状況は、現在もまだ多くの人を悩ませている……。

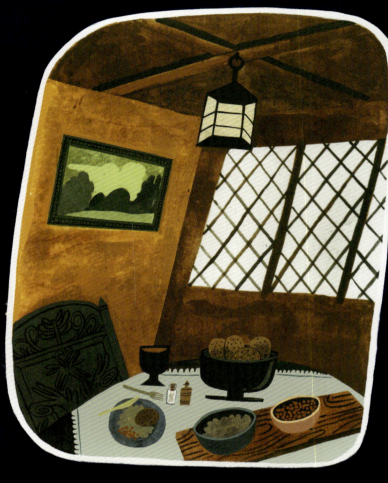

船から人が消えていた

救命ボート1艘と航行に必要な道具がなくなっていたが、メアリー・セレスト号自体は少しくたびれているものの航行にまったく問題がないように見えた。争いや火の手が上がった形跡もない。テーブルには、まだ湯気を立てているお茶のカップや、食べかけの朝食が残されていたという話もある。それなのに、ブリッグズ船長と家族、船員の姿はどこにもなかった。

どうしてメアリー・セレスト号からだれもいなくなったのだろう？さまざまなことが考えられてきた。北アフリカの海賊に襲われた。激しい嵐に見舞われた。海底地震におびえて救命ボートで逃げた。さらには、乗りこんだ別の船の船員に皆殺しにされたのでは？と考える人もいる。

でも結局どの説にも証拠がない。真相が解明される日はこないだろう……。

フライング・ダッチマン

　1881年、イギリスのジョージ皇太子はオーストラリア沿岸で王室海軍の船に乗務していたとき、異様な光景を目にした。暗闇から赤く光る幽霊船が現れたのだ。

　1939年には、南アフリカのケープタウンで海岸にまっすぐ向かってくる船を多くの人が目撃している。その船は砂浜に乗りあげる直前に、ふっと消えた。

　これらは、いくつもの奇妙な目撃談のほんの一部だ。「フライング・ダッチマン」（さまよえるオランダ人）と名づけられたこの船は、海を永遠にさまよっているといわれている。しかも、ほかの船で航行中の船員がこれを目撃してしまうと災難に巻きこまれるという伝説つきの幽霊船だ。

　フライング・ダッチマン号には、オランダ人（ダッチマン）のヘンドリック・ファンデルデッケン船長が乗っているといわれている。船長は1600年代にインドネシアからオランダに絹やスパイスを運んでいて、アフリカ南端の喜望峰に近づいたとき大嵐に見舞われた。引き返しましょうと訴える船員たちを無視し、船長は「喜望峰を越えてやる。たとえ永遠に航行しつづけるはめになったとしても……」と言った。そして、その言葉通り……。

船と乗組員は永遠に海をさまよっている！

　船長たちは、まるで呪いにかかったようだった。だが長期間の航海は心理的な幻覚を生みやすい状況にある。また、湿度や気温の変化など特殊な大気の状態により、蜃気楼と呼ばれる不思議な現象が起こる。蜃気楼によって、見えないはずの遠くの船がすぐ近くにあるように見えたり、海面より上に浮かんでいるように見えたりする。そこへ船乗りに伝わる迷信が加われば、幽霊船伝説のできあがりだ。

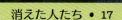

消えた人たち • 17

宇宙からの訪問者

UFOの目撃情報は多い……
もう宇宙人は私たちのすぐ近くにいるのだろうか？

UFOとは未確認飛行物体のことだ。球状の光、回転する円盤、珍しい葉巻形など見た目はさまざまだが、すべてのUFOに共通しているのは、人の手によってつくられたものであると説明できない点だ。これらの奇妙な物体を地球外生命体の宇宙船だと信じている人は多く、アメリカ政府も長年UFOの研究に巨額の資金を投じている。

宇宙人は存在するのか？ 確実な答えを知っている人はいないけれど、謎めいたUFOの目撃情報をいくつか紹介するので、答えは君が決めてほしい！

日航ジャンボ機UFO遭遇事件

1986年、アメリカのアラスカ上空を飛んでいた日航機のパイロットたちは、夜空に突然現れた2機のUFOを見て驚いた。暗くて形はよくわからないが、どちらにもパイロットたちが顔に熱を感じるほど強力で大きなロケットエンジンがついている。2機のUFOは日航機のそばを10分飛行したあと姿を消したが、次の瞬間、もっと異様な飛行物体が現れた。寺内機長はそれについて「空母の2倍の大きさ」があったと話している。しかし軍用機が来るころには、謎の飛行物体は消えうせていた。

トラン＝アン＝プロヴァンスUFO事件

1981年、南フランスで農作業をしていたレナート・ニコライは変なものを見た。皿を2枚上下にくっつけたような形をした、小型車くらいの大きさの空飛ぶ円盤が、地面から数メートル上に浮かんでいたのだ。それは30秒ほど動かずにいたが、そのあと木々より高く浮上し、飛んでいった。レナートがすぐに円盤が浮かんでいたところに走っていくと、そこだけ草が焦げていた。その焦げ跡を科学的に分析すると珍しい化学物質が見つかり、草が300度の熱で焼けていたことがわかった！

18 • UFO

USSニミッツUFO事件

2004年、アメリカ海軍のパイロット、デイヴィッド・フレイヴァーは戦闘機に乗りこんで空母USSニミッツを飛びたった。サンディエゴ近くの海上を異常な飛行物体が飛んでいる、と報告があったためだ。数分後、デイヴィッドは海面が波だっているのに気づき、近づいた。そのとき突然、どこからともなくひし形の飛行物体が現れた。こんなものは見たことがない。翼もエンジンもないのに、どうやって飛んでいるんだ？デイヴィッドがその物体に追いついて、だれが、いや、なにが乗っているか確かめる前に、その物体は音速の3倍のスピードで飛びさった。

突然、どこからともなく飛行物体が現れた

マンスフィールドのヘリコプターUFO事件

1973年には、アメリカのオハイオ州マンスフィールドで陸軍ヘリコプターがあわやUFOと衝突するところだった。パイロットのラリー・コイン少佐は地平線に赤い光を見つけ、最初はなんとも思わなかったが、その光はすごい速さでまっすぐこちらに近づいてきた！ 必死で着陸を試みるが、間に合わない。衝突を覚悟したとき、その円筒形の飛行物体はヘリのすぐ上で止まった。ラリーは着陸の操作をつづけていたが、ヘリは降下しない。反対に上昇している！ UFOに吸い寄せられているように。次の瞬間ガクンと揺れてヘリはわずかに降下し、気づけば奇妙な飛行物体は消えていた……。

UFO • 19

未知との遭遇——宇宙人だ！

これから紹介する人たちはUFOを目撃しただけでなく……
UFO内部に連れていかれた？

ロバート・テイラー

1979年11月の朝、スコットランドのエディンバラ郊外に住む森林作業員ロバート・テイラーは、愛犬ララとトラックに乗りこんで仕事に向かった。いつものように迷いこんだウシやヒツジがいないか森を見まわるつもりだった。

森に着くなりララは茂みに飛びこんでいってしまった。ロバートが空き地に歩いていくと、突然まぶしい光線が差し、目の前にはゾウほどの大きさがある空飛ぶ円盤が浮かんでいた。その鈍い銀色の胴体の周囲には、いくつもプロペラがついていた。

UFOから、突起のある球体が2つ出てきて草地に落ちた。球体はまるでロバートが見えているように転がりながら近づいてきた。2つの球体が両側から1本ずつ突起をロバートの脚に引っかけ、なにかが燃える、鼻をつくにおいがして……。

ロバートは空飛ぶ円盤に引きずられていった

ロバートは気を失った。意識を取りもどしたとき、ララが激しく吠えていたが、謎の物体は消えていた。ズボンは裂けて泥だらけ、あごに切り傷ができて頭痛もした。警察を呼んで空き地を調べてみると、あのすごく大きい円盤が浮かんでいたところの草はぺしゃんこになり、地面にはいくつもの穴があいていた。球体の突起が残した跡だろうか。

スコットランドのこのあたりは毎年UFOの目撃情報がとても多い地域だ。ロバートはUFOを目撃しただけでなく、内部に連れこまれていたのだろうか？

バーニー・ヒルとベティ・ヒル

1961年9月の夜遅く、アメリカのニューハンプシャー州を車で移動中、ヒル夫妻は夜空のまぶしい光に気づいた。その光の点はどんどん近づいてきて、2人は追われているようで気味が悪くなった。すぐにそれは巨大なパンケーキに似た奇妙な形の飛行物体のようになって現れた。いったい、あれはなんだ？

そのパンケーキ形の物体が夫妻の車の真上までおりてきたので、夫のバーニーと妻のベティは車を停めて外へ見にいった。UFOの窓の向こうには灰色の人影のようなものが見え、底部からタラップが伸びてくる。さらわれると思った2人は、急いで車に戻って逃げようとした。ところが異様な音が響き、体がしびれて動けなくなって、2人とも意識を失った。

2時間後、意識を取りもどした2人は、気を失う前にいた場所とはまったくちがう道にいた。服は破れ、靴も傷だらけだ。全身に細かいピンクの粉が付着し、車にはところどころこすったように光る変な跡がついていた。なにがあったのか、2人ともなにも覚えていなかった。

のちにバーニーは催眠術により、このときの記憶を取りもどそうとしている。術をかけられて、バーニーは宇宙船に連れていかれたと話しはじめた。大きな目をした人のような姿の生命体がヒル夫妻を調べ、髪や爪を採取し、耳や口のなかをのぞきこんだという。宇宙人は地球人の体の仕組みを知りたかったようだ。宇宙人は思考を通じてコミュニケーションをとろうとしていた、とバーニーは話した。ヒル夫妻は解放されるとき記憶を消されていたのだ。

ロバート・テイラーとヒル夫妻。これら2つの信じられないような出来事は本当にあった話だろうか？2組とも、すべて事実だと話していたが……。

UFO • 21

宇宙人が存在する証拠

宇宙人はすでに地球に来ている？

WOW！シグナル

アメリカ政府のSETI（地球外知的生命探査）では、簡単にいうと宇宙人を探している！ SETIの科学者たちは宇宙からのメッセージを受け取ろうとしていて、そのために使っているのが、深宇宙のどんなにかすかな無線信号でもキャッチできる巨大な皿の形をした電波望遠鏡である。惑星や恒星は自然な電波も発しているので、実は宇宙はとても騒がしい場所だ。そのため、通常と異なるパターンの信号をとらえるのは簡単ではない。とりあえず電波望遠鏡で聞きとった信号はすべて記録しておいて、そこに奇妙なデータがないか研究者が探すという方法をとった。

何年ものあいだ、特別な信号は見つからなかったが、1977年8月15日、ついに天文学者のジェリー・エーマンが、オハイオ州にあるビッグイヤー電波望遠鏡のあるページに目をとめた。信じられないことに、これまでSETIで分析してきたデータより30倍も強力な無線信号が、1分以上つづいている。ジェリーは驚いて赤ペンを手にとり、そのデータを丸で囲んで横に「WOW（ワオ）！」と書きこんだ。以来、これは「WOW！シグナル」と呼ばれている。

この信号は宇宙人からのメッセージなのだろうか？ 現在も確かなことはわかっていない。このあと、同じような信号は一度もキャッチできなかった。わかっているのは、宇宙は途方もなく広いから、地球外知的生命体がいてもおかしくないということだけ……どこにいるかは、わからない。

宇宙人がアメリカで暮らしている?

アメリカのニューメキシコ州にドルセという小さな町がある。1970年代、この町の上空でUFOと軍のヘリコプターが目撃されるようになり、人々は不思議に思っていた。

UFO愛好家のポール・ベネウィッツは、このエリアから特殊な無線信号が送信されていると述べている。ポールによれば、ここにはアメリカ軍と宇宙人がともに働く秘密の地下施設が存在する。別のUFO愛好家フィル・シュナイダーは、その施設で実際に働いていたと主張している。それはUFOが着陸できる地下7階建ての巨大な複合施設だ。地球人と宇宙人が共同で科学実験を行っている。フィルはなんとそこで宇宙人にレーザー銃で撃たれ、指を3本失ったという。

本当の話だろうか? ドルセのまわりを調べても証拠は見つからない。道路も少なく、駐車場も、地下施設への入り口も、通気口もない……つまり、地下施設と聞いて思いつくものはなにもない。とはいえ、簡単には見つからないのが極秘施設だ!

地球人と宇宙人が共同で実験を行う極秘施設が存在する?

ロズウェル事件――UFOが地球に不時着?

1947年7月、ニューメキシコ州ロズウェル近くの牧場で、ウィリアム・ブレイゼルは奇妙な残がいを見つけた。発見されたアルミ箔、木やゴムの切れはしを見せられたジェシー・マーセル少佐は、現場の調査を開始。翌日、地元新聞は「墜落したUFOを発見!」と報じた。

アメリカ軍は即座にその報道を否定し、発見されたのは1万mくらい上空を飛んでいた気象観測気球の残がいだと発表したが、人々は軍による隠蔽を疑った。UFOを信じる人たちは、残がいからは墜落で死亡した宇宙人も発見されたと主張した。

UFOの研究者たちは、残がいと宇宙人の遺体は「エリア51」に運びこまれたと信じている。エリア51とはネバダ州にある軍の極秘基地で、そこでUFOの調査が行われているらしい。エンジニアがUFOを調べて宇宙人のテクノロジーを、医師が宇宙人の遺体を解剖して体の仕組みを知ろうとしているのではないか。

もちろん軍はすべてを否定しているのだが……。

空に浮かぶ光

ほとんどの光は科学で簡単に説明がつく。
でもたまに、だれにも説明できない不思議な光が浮かびあがる。

ライトピラー（光柱）

ライトピラーは地球から空高く、まっすぐ伸びる光線だ。まるで、だれかが超強力なスポットライトを夜空に向けているように見える。都会では、ほかにまぶしい光がたくさんあるからこの現象は見られない。都会から離れた街灯の少ないところなら、雲のない寒い夜に、何本もの光柱が空に向かって伸びる光景が見られる。

初めて見た人はこれを超常現象か、またはUFOが地球におりるための光の道筋だと思うかもしれない。実際は、氷が生みだす美しい自然現象だ。

気温が一定の低さになると大気中の水分が凍って、無数の微小な氷の結晶ができる。それらの結晶に平面があって、たまたま小さな鏡みたいな形になったとき、地上のかすかな光を反射する。大気中にこうした氷の結晶がたくさんできて、いっせいに光を反射すれば、近くにいる人たちは空に向かって伸びる不思議な光の柱を目にするだろう。

24 • 自然現象

オーロラ

オーロラ（北極光）と南天オーロラ（南極光）は、北極と南極の空一面に広がる美しい色彩の発光現象だ。古代神話では、あの世へ渡るための橋だといわれていた。本当はなんなのだろう？

オーロラが現れるのは、太陽からの帯電粒子が地球の大気に侵入したときだ。地球には北極と南極を生みだしている強力な磁場があり、その磁力によって太陽からの粒子はどちらかの極地に流される。そこで大気中の分子と衝突し、生まれたエネルギーが光になる。それがオーロラだ。

こんなふうに科学によってオーロラができる仕組みはわかっていても、夜空に揺らめく赤、緑、青の光のカーテンを見ると、神秘的だと感じずにはいられない。古代人が、あの光を通って神々の国へ行けると信じていたとしても、不思議ではないと思えてくるのだ。

昼夜を問わず
渓谷の上に浮かぶ
球状の光

ヘスダーレンの光

ノルウェーの村ヘスダーレンの上空では奇妙な現象が起こっている。100年ほど前から、昼夜を問わず渓谷の上に浮かぶ球状の光が目撃されているのだ。光球は車くらいの大きさで、見ていると数時間ずっと浮いている。あれは宇宙人だ、と信じている人たちもいるが、科学で説明がつかないのだろうか？

調査は何年もつづけられ、いくつもの説が立てられた。1つ目は、渓谷全体が巨大な電池として働き、電気の力で空気の一部を光球に変えてしまったとする説。現地の川で見つかった岩の特性をもとに考えだされた、びっくりするようなアイデアだ。2つ目は、宇宙線（太陽から降り注ぐ高エネルギーの微粒子）が原因だとする説。3つ目は、天然の放射線によって生じた球状のプラズマ（気体にエネルギーが加わって光っている状態）ではないかとする説。つまり、この光の原因について専門家の意見はわかれている。そのうち、やっぱり宇宙人だった！　と明らかになるかもしれない。

自然現象 • 25

空から〇〇が降ってきた

空から降ってくるのは水だけだって？
いきなり血や、ゼリーや、魚が降ってきたら、どう思う？

血の雨

2001年、インド南部ケララ州では3カ月のあいだに何度も血のように赤い雨が降った。珍しいことではあるが、それが初めてではない。歴史上、何度か記録されている奇妙な気象現象だ。血の雨が降ると恐ろしいことが起こると昔から信じられていたため、ケララ州の人々も心配になった。

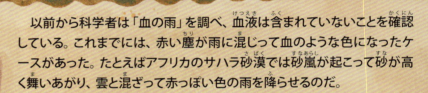

以前から科学者は「血の雨」を調べ、血液は含まれていないことを確認している。これまでには、赤い塵が雨に混じって血のような色になったケースがあった。たとえばアフリカのサハラ砂漠では砂嵐が起こって砂が高く舞いあがり、雲と混ざって赤っぽい色の雨を降らせるのだ。

ところがケララ州の「血の雨」を調べた科学者たちはびっくりした。赤い雨に含まれていたのは血液ではなかったけれども、砂塵でもなかった！もっと気味の悪いことに、この雨にはなんらかの生物が含まれていて、しかもそれは科学者たちも見たことがないものだったのだ。

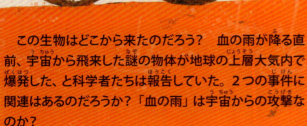

この生物はどこから来たのだろう？　血の雨が降る直前、宇宙から飛来した謎の物体が地球の上層大気内で爆発した、と科学者たちは報告していた。2つの事件に関連はあるのだろうか？「血の雨」は宇宙からの攻撃なのか？

科学者たちはさらにくわしく調べ、この「血の雨」には地衣類の胞子が含まれているとわかった。地衣類は木に生える菌類の一種だ。赤い雨に含まれていた地衣類は、ケララ州の木にも生えていた。では結局……宇宙人の襲来ではなかったのか。でも、地衣類の胞子がどうやって雲まで舞いあがったのだろう？　科学者にも、まだその謎は解けていない……。

26 • 自然現象

ゼリーが降ってきた

朝起きたとき、庭が変なゼリーだらけになっていたら、どんな気持ちだろう？ 2009年、スコットランドのペンランドに住む人たちは、まさにそんな光景をまのあたりにした。白い色のブヨブヨした奇妙なブロブ（ゼリー状のかたまり）が、草にも木にもへばりついていたのだ。

最近まで、隕石が地球の大気にぶつかると、スターゼリーと呼ばれるブロブが降ってくると考えられていた。実のところ現在も、このゼリーがなんなのか正確にはわかっていない。科学者たちは、これは宇宙から来たものではなく、カエルの体や卵の一部か、粘菌の一種か、コケムシという微小な水生動物の大きなゼリー状の群体ではないかと考えている。これらの説のどれかが正しいとしても、それがどうして空から降ってきたのかはわからない……。

魚が降ってきた

1855年、ホンジュラスの小さな町ヨロでは、貧しい人たちの食べ物がなくて困っていた。神父のホセ・マヌエル・スビラーナが奇跡によって食べ物が行きわたるよう祈ると、3日後に嵐がやってきた。雨がやんで外に出ると、あたり一面に無数の魚が落ちていた。奇跡のごちそうだ！

それ以来100年間、毎年ヨロの人たちは「魚の雨」が降った日を祝っている。そして、いまもときおり嵐のあとは、空から降ってきたようにピチピチはねる魚が通りで見られる。魚が降ってくるのは、世界でヨロだけではない。歴史上、古代ギリシャからオーストラリアまで、世界各地に魚が降った記録が残されている。

やはり奇跡なのか？ 専門家はそうではないと考えているが、この奇妙な現象を科学的に説明しようとしても、あまりうまくいっていない。近くの湖で小さな竜巻が起こって、水ごと魚が巻きあげられて降ってきたとする説がある。あるいは、そもそも魚は空から降ってきたわけではない、とする説もある。ヨロの地下には洞窟があって、大雨のあと、そこから水があふれでることがある。そのとき、魚も一緒に地上に出てきたのでは？ これらの説が正しいとしたら、魚だけでなく、水のなかにいるほかの生き物も通りに散らばっていそうだ。そうでないのは、どうしてだろう？

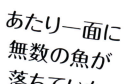

あたり一面に無数の魚が落ちていた

地球上の謎のエリア

説明のつかない謎のエリアからは、未知のエネルギーが発せられている？

マピミ砂漠のサイレントゾーン

1970年7月11日、重量7トン、5階建てビルの高さがあるロケットが、アメリカのユタ州にある軍事基地から発射された。これは飛行試験で、目標地点はニューメキシコ州の空軍基地だった。ところが、ナビゲーションシステムに問題が起こって目標地点へは飛ばず、ロケットはメキシコの都市チワワ近くのマピミ砂漠に落ちた。

ロケットが盗まれると危険なので、政府からすぐに捜索チームが派遣されたが、なかなか見つからなかった。マピミ砂漠に入ったとたん、無線機による通信がいっさいできなくなったのだ。何週間も捜しつづけてようやくロケットは回収されたが、軍のチームが去ったあとも、通じない無線の謎は残った。

ロケットが落ちた場所は、ゾナ・デル・シレンシオ（沈黙の地、サイレントゾーン）として知られている。ここでは電子機器が使用不能になる。そもそも、そのせいでロケットは墜落したのかもしれない。このエリアでは、ほかにも奇妙な出来事が多発している。動物や植物が巨大化する、磁気コンパスが正しい方向を指さなくなる、といわれていて、隕石がたくさん落ちており、UFOを見たと報告する人も多い。宇宙人と遭遇したと話す人も何人もいるのだ。このエリアはどうなっているのだろう？

このエリアの土には珍しい鉱物が含まれているため、未知の「地球エネルギー」が発せられていると考える人たちもいる。そのエネルギーは強力らしいのだが、具体的にどんなエネルギーなのか、まわりにどう影響するのか説明できる人はいない。また別の意見もある。すべては観光によって現地の経済を盛りあげるための、地元の人によるでっちあげにちがいない、という意見だ。

未知の地球エネルギー、それとも宇宙人をテーマにした観光キャンペーン？　どちらなのか確かめるには、自分で行ってみるしかない！

28 • 自然現象

バミューダ・トライアングル

バミューダとフロリダ沿岸とプエルトリコを結ぶ三角形の海域は、謎の事故が多発する魔の海域「バミューダ・トライアングル」と呼ばれている。

1945年12月5日、5機のアメリカ軍用機が訓練飛行のためフロリダ州の基地を飛びたった。異変は海上に出てすぐに起こった。コックピットの装置がおかしくなり、いまどこを、どの高さで飛んでいるかもわからなくなったのだ。パイロットたちは方向を見失い、基地に戻れなくなった。

6機の軍用機と27名の乗員は発見されていない

燃料も残り少なくなり、パイロットは無線で救助を求めた。一刻も早く着陸できる場所を見つけなくてはならない。だが救助に向かった軍用機も消息を絶った。

バミューダ・トライアングルで起こった悲劇はこれだけではない。不可解な神話のように、昔から多くの船や飛行機が消えているのだ。いったい、なぜだろう？

突拍子もない説がいくつも生まれた。超自然の力や磁力が原因だとする説。海底に裂け目があって、その下にある火山から引火性のガスが噴きだしているとする説など。

そして、とうとう研究者たちは最終的な答えを導きだした。ここは嵐が発生しやすい世界有数の危険海域だ。さらに肝心なのは、とても通行量の多い海域であることだ。通る飛行機や船の数が多ければ、当然、事故にあう飛行機や船の数も増える！ つまり、バミューダ・トライアングルでたくさんの飛行機や船が事故にあうのは、不思議でもなんでもない、普通のことだったのだ。

自然現象 • 29

不思議な岩

岩は不変だといった人に、これから紹介する変な岩や石を見てほしい。

滑る石

1915年、アメリカのネバダ州で金を探していたジョセフ・クルックは、デスバレーの干あがった湖底を歩いていたとき、奇妙なものを見た。乾いた泥になにかを引きずったような長い跡がついていて、それはどう見ても、石が湖底をひとりでに動いてついた軌跡のようだったのだ。まわりに人の足跡は1つも残されていなかった。

岩は勝手に動いたにちがいない

巨大な岩も動いているようだから、風に飛ばされたはずはない。軌跡はまっすぐなものも、カーブしているものもあり、急に方向を変えたように鋭角なものもあった。どういうことだろう？

長年、だれにも理由がわからなかったが、1970年代に地質学者のチームが調査を始めた。30個の石に名前までつけて。1年目、そのうち10個の石が動いた。メアリー＝アン、記録65m。ナンシー、いちばん小さいのに201mの大記録。カレン、どこかへ消えてしまった！

数十年後、岩の動きを追跡するために動作検知カメラが使われた。カメラの映像により、冬に湖底にたまった水が凍って、朝にはとけてしまうことがわかった。そのとき、大きな氷の板が風に吹かれて水たまりを移動し、岩を押していたのだ。それで泥には動いた岩の跡が残っていた。こうして小さな岩が動いた理由は明らかになった。でも、大きな岩がちょっとでも動くところを目にした人はいない。

30 • 自然現象

動く砂

アフリカのタンザニアにあるオルドバイ渓谷には、大きな黒い砂丘が2つある。まわりの地面とくらべて色が黒いので目立つだけでなく、だいぶ変わった特徴をもっている。

大きな三日月形をした2つの砂丘は、1年間に10mもじわじわと動いているのだ！ 実際、300万年かけてサバンナを行ったり来たりしていると科学者は考えている。さらに奇妙なのは、この砂丘の砂が互いにくっつき合うことだ。ここの砂をつかんで空中に投げても、散らばって飛んでいったりしない。不思議な黒い砂粒は、ひとかたまりになって地面にボトッと落ちる。

現地のマサイ族にとってこの砂は、近くにそびえる神の山オルドイニョ・レンガイからもたらされた神聖なものだ。また別の見方をする人もいる。2つの砂丘は火山灰からできていて、大量の磁鉄鉱を含んでいるとわかった。磁力のおかげで風に吹かれてもバラバラにはならず、砂粒が砂粒にひっぱられて砂丘ごと少しずつ移動し、サバンナを永遠にさまよっているのだ……。

鳴る岩

アメリカのペンシルベニア州アッパーブラックエディには鳴る岩があると有名だ。リンギング・ロックス（鳴る岩）公園の森に囲まれた空き地に、何千もの不思議な岩が集まっている。岩はすべて大きさも形もちがうけれど、ハンマーで軽くたたけば、ベルのような澄んだ音を響かせる。

鳴る岩はダイアベイス（輝緑岩）という鉱物からできている。輝緑岩は世界各地にあるが、たたくと音がするものはほんの一部だ。ブラックエディの岩も、きれいな音を響かせるのは全体の3分の1ほど。鳴る岩と鳴らない岩があるのは、どうしてだろう？

美しい音は超自然的な力から生まれる、と信じている人もいる。岩のまわりに植物や動物がいっさい存在していないことこそ、不可思議な力が働いている証拠だという。ただ、岩だらけの場所に生息する動植物は、そもそも少ない、という意見もある。

地質学者たちは、ブラックエディの岩が地中深くで形成されたことが関係していると考えているが、なぜこんなにきれいな音で鳴るのかは謎のままだ。

自然現象 • 31

不思議な水

気をつけて！ その謎は底なしだ。

砂漠の不思議な湖

中国の北、内モンゴルにはバダインジャラン砂漠が広がっている。ここには世界最大級の砂丘があり、その高さはニューヨークのエンパイアステートビル以上だ。巨大な砂丘に囲まれて、高温で乾いた砂漠の真ん中に、100以上もの湖がある。モンゴル人がこれらを「神秘の湖」と呼ぶのも当然だ。

なぜ砂漠の真ん中に湖が？

砂漠の下にある岩盤の割れ目や穴から染みでた水が湖となって、何千年も前からそこにあると考える研究者もいれば、水は何百キロも離れた山から流れてきたと考える人もいる。砂漠のまわりの高い山脈で雪どけ水が地中に染みこみ、やがて少しずつ砂漠に流れていくのだ。

それにしても、どうして水は高温の乾いた砂に吸いこまれて干あがってしまわないのだろう？ その理由は、ここの砂が非常に細かいからだと考えられている。細かい砂はぬれるとくっつき合って、粘りのあるかたまりになる。この状態なら流れてきた水をせきとめて、ためておける。湖がどうやってできたかは謎だが、神秘的なながめであることは確かだ。

32 • 自然現象

血の滝

南極大陸のはしには、凍った湖にまるで大量の血が流れこんでいるように見える滝がある。30mの高さがあるこの「血の滝」は、100年以上前に発見されて以来ずっと謎だった。現代の科学者たちによって、その謎が解明されつつある……。

血のように赤い氷は、もともとは地下400mに沈んだ湖だったテイラー氷河の一部だ。氷河は少しずつ流動する巨大な氷体で、「血の滝」も150万年かけて地表に出てきた。しかし、この氷河がほかとくらべて不気味なのは、地表に出たとたん血のように赤くなる点だ。

この氷に実際に血が含まれているわけではないが、赤くなる原因は血と同じく鉄。地中深くで、鉄を多く含む岩が氷河によって削られ、鉄は氷の一部になった。鉄はゆっくり地表へ運ばれ、初めて空気にふれたとたん酸素と結びつく(酸化)。つまり、鉄は空気にふれると赤くさびるので、氷は血のように赤くなったのだ。

ミルクシェイクみたいな湖

オーストラリア南西部の沖にある小さな島には、見たこともないような湖がある。青い海からそう遠くない場所で木々に囲まれているその湖は、イチゴ味のミルクシェイクのような色なのだ。ピンク色でも水は水なのだが、どうしてこんな独特の色をしているのか、科学者たちのあいだでも意見は割れていた。

この湖は1802年、イギリス人探検家のマシュー・フリンダースによって初めて記録された。オーストラリアの沿岸部を調べて地図を作製していたマシューは、旅に同行していた友人にちなんで、ここをヒリアー湖と名づけた。

それにしても、ピンクなのはなぜ？ 原因は微生物だということで一致したが、どの微生物なのかで意見がわかれた。藻類のドナリエラ・サリナだという人もいれば、発見された最古の生命体である古細菌だという人もいる。これらの単細胞生物は35億年前から存在していて、おそらく地球で最初の生き物だ。どちらもカロテノイドという物質をつくる。ニンジンやピーマンやトマトを鮮やかな色にする色素だ。それが、湖までおいしそうな色にしてしまうなんて！

自然現象 • 33

不思議な輪

研究者も首をかしげる奇妙な輪は世界各地にある。

砂漠のフェアリーサークル（妖精の輪）

ナミビアのナミブ砂漠には、変わったフェアリーサークルがあちこちにある。砂漠のほかの場所は過酷な環境に適応した低木や草に覆われているのに、植物が草１本たりとも生えていない丸い部分が点々とあるのだ。上から見ると、まるで砂漠にいくつもできたニキビみたいだ。

現地で暮らすヒンバ族は、これらはフェアリーではなく、神ムクルがつけた足跡だといっている。砂漠の下にいるドラゴンの吐く息のせいで植物が枯れたという神話もある。

もっと説得力のある説明はないだろうか？　研究者は、サークルの下にシロアリのコロニーを発見した。シロアリは見つけた植物の根を片っぱしからかじるので、コロニーの上に植物はいっさい生えなくなる。それでも、シロアリは無限に領地を広げることはなく、コロニーどうしの争いが起きないように、コロニーとコロニーのあいだにはシロアリが１匹もいない中間地帯ができる。このシロアリによる「ノーマンズランド」では植物が生いしげり、神秘的なフェアリーサークルが生まれるのだ。

34 • 自然現象

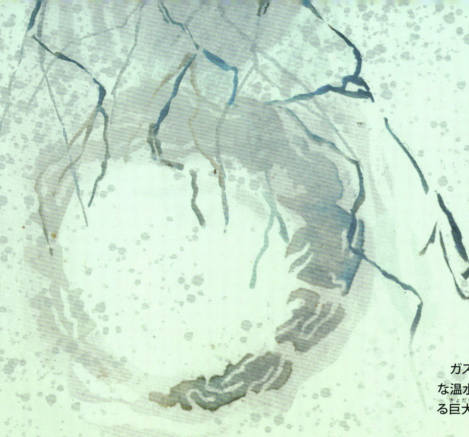

宇宙から見える氷の輪

2009年、国際宇宙ステーション（ISS）にいる宇宙飛行士たちは、世界で最も深い、最古の湖といわれるシベリアのバイカル湖に、奇妙な輪があるのを発見した。極寒の地の湖では表面に厚さ1m以上の氷が張ることも珍しくない。その氷に、宇宙からでも見えるくらい大きな輪が、くっきりと浮かびあがっている。直径は3km以上──こんな巨大な輪が、いったいどうやってできたのだろう？

湖の氷の下には水生のドラゴンがいるという伝説がある。そのドラゴンが巨大な尾のひと振りで地に裂け目をつくり、湖ができたといわれている。では、この輪もドラゴンが火を吐いてできたというのか？　科学者たちは氷にドリルで穴を開け、水中カメラを入れて湖底を調べた。火を吐いていたのはドラゴンではなく、地球だった！　湖底のあちこちに小さな火山があり、そこから地球の奥深くで生じた高温ガスがブクブクと出ていたのだ。

ガスに温められた水は上へ、冷たい水は下へ流れることにより、やがて強力な温水の渦（湧昇）が生じる。この渦が水面の氷をとかし、宇宙からでも見える巨大な輪をつくりだしていた。

ミステリーサークル？

1978年、イングランド南部の農地で奇妙な事件は始まった。一夜にしてパターンどおりに作物がなぎ倒されたように、奇妙な円形の模様が農地に出現したのだ。

なぜ、畑にミステリーサークルが？

ミステリーサークル研究家たちは何日も農地に泊まりこみ、動作検知カメラで見張った。これは未知の自然現象なのか？　それとも、もっと得体の知れない空飛ぶ円盤の着陸地点なのか？

何年も、数多くのミステリーサークルが発見されつづけた。でっちあげとも思えないが、まさか宇宙人のしわざではないだろう。小さい竜巻といった、まれな気象現象ではないだろうか、と研究者の大半は考えていた。

最初のサークル出現から20年後、ついに謎が解けた。農業従事者のダグ・バウアーとデイヴィッド・チョリーが、やったのはオレたちだと名乗りでたのだ。高度な技術は使わず、ロープと木の板を使って作物を倒していっただけ。最初のいくつかのミステリーサークルは、そうやって2人がつくった。あとのは、ほかのいたずら好きのだれかがまねして、どんどん増えていったのだろう。

自然現象 • 35

海の怪物？

魚が無数に泳ぐ海。
そこには魚よりはるかに大きなモンスターも、ひそんでいるかもしれない！

海は深くて、暗くて、危険な場所だ。人間が船に乗って海にこぎだして以来、海の怪物の話があとを絶たないのも不思議ではない。いまも魚の新種が発見されつづけているくらいだから、何世紀も目撃情報があいついでいる恐ろしい生き物が本当にいたとしても、驚くことではないのかもしれない。

怪物に注意！

中世の古い地図には、いくつもの国だけでなく、当時の船乗りが海にひそんでいると考えていた、さまざまな生き物についても記されている。特に海の危険な場所については警告表示つきだ。陸にいる動物は海にもいると、何百年ものあいだ考えられていた。英語でアザラシをシー・ドッグ（海のイヌ）、アシカをシー・ライオン（海のライオン）、イルカをシー・ピッグ（海のブタ）と呼ぶのは、その名残だ。

古地図には、もっと変わった動物も描かれている。海蛇と人と馬が一体になったような恐ろしい見かけのイクテュオケンタウロス。巨大な牙をもつ化け物クジラ。歌声で船乗りを誘惑しておぼれさせる、危険な人魚セイレーン。そして、巨大な怪物のクラーケンだ。

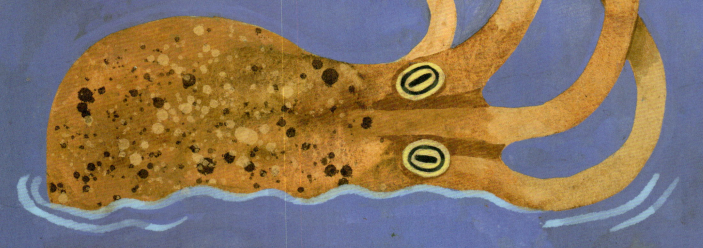

海で最も恐れられていた怪物、クラーケン

クラーケンは船に巻きついて沈めてしまえるほど巨大だといわれている。この怪物の目撃情報はスカンジナビア周辺の海で特に多い。船乗りたちがやっと安全な島に着いたと思ったら、それは獲物を待ちぶせしていたクラーケンだったといった話がたくさんある。

こういう昔話が本当だとは信じがたい。ちょっとした話がだんだん大きくなって、神話や伝説になるからだ。もっと最近の、信頼できる目撃情報はないかって？　もちろん、たくさんある！

潜水艦を襲った怪物

第一次世界大戦中、ドイツの潜水艦UB-85（Uボート）は夜間にイギリス沿岸で敵の攻撃に備えていた。Uボートが海面に浮上したとき、乗員は下からドンと突きあげるような衝撃を感じた。ギュンター・クレッチ艦長は、このとき海から世にも恐ろしい怪物が姿を現し、潜水艦にのしかかってきたと証言している。巨大な目、体に対して小さな頭には角が生え、月明かりに牙が光っていた。

このままでは潜水艦が沈められる、艦長は砲撃を開始した。やがて怪物は身をよじって、真っ黒な海のなかに消えていった。Uボートは損傷を受けて動けなくなり、翌朝イギリス王室海軍の軍艦HMSコレオプシスⅡ号が来たとき、Uボートの乗員たちはほっとした顔で降伏し、救助されたという。

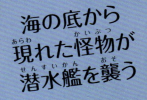

海の底から現れた怪物が潜水艦を襲う

大西洋を横断中に

Uボートの事件から50年後、今度はイギリスの軍人が海の怪物に遭遇した。ジョン・リッジウェイ大佐とチャイ・ブライス軍曹は、1966年夏、手こぎボートで大西洋横断に挑戦した。

ある夜遅く、ジョンはボート近くの海面が波だっているのに気づいた。そのとき、海面の下で身をくねらせて泳ぐなにかを見た、とジョンは断言している。それがなにかはわからないが、10m以上の長さがあって、暗闇のなかで発光していた。それはボートの下をクネクネと泳ぎまわり、まるで2人についてきているようだった。ボートをひっくりかえされるのではと恐れて、ジョンは生きた心地がしなかった。ボートが転覆して冷たい海に落ちたら、確実に死ぬ。幸い、謎の生物はやがていなくなった。いまのはなんだったのだろう？ いくら考えても、わからなかった。

未確認生物 • 37

ネス湖のネッシー

怪物がいるのは海だけではない。
スコットランドの湖に足をひたしたら、なにかが食いつく？

ネッシーをひと目見ようと毎年、何千人もの観光客がスコットランドを訪れている

水のあるところにすむ最も有名な未確認生物といえば、スコットランドのネス湖にいるといわれるネッシーだ。高い山々を背景に、湖は暗い色をしていて、怪物、妖精、亡霊にまつわる神話が残る、謎に満ちた場所だ。人々はこういう話を眉唾物だと思うものだが、なぜかネッシーだけは例外で、信じている人は多い。

ネッシーの捜索に一生をささげている人までいる。ネッシーは本当に存在するのか、それとも、ただの伝説か？ ネス湖は長さ36km、深さ200m以上もあるので、未知の怪物がいてもおかしくはない。

ネッシーの目撃者はたくさんいる。尾と首が長く、胴体はふっくらしていて、大きなひれが4枚あるらしい。専門家はそれを聞いて、巨大な海生爬虫類のプレシオサウルスそっくりではないか、と思った。ただし、プレシオサウルスは6500万年以上前に絶滅している。

ネッシーは実在しないの？

　ネッシーの存在を示す証拠は少ない。プレシオサウルスは恐竜とともに絶滅したはずなのだから、ネッシーやほかの古代生物が現代に生き残っているなんてありえない？　いや、その可能性は100％ないとはいいきれない。ワニ、サメ、カブトガニはみんな恐竜と同じ時代からいて、何百万年も途方もない年月を生きのびてきた。隠れもせず、ずっと堂々と姿を見せている点で、ネッシーとはちがうって？　隠れて生きのびていた古代生物だっている。

　それは、1938年に発見された魚、シーラカンスだ。化石から、この魚が恐竜と同じ時代にいたことはわかっていた。ただ生きている個体は見つかっておらず、とっくに絶滅したと思われていた。ところがある日、南アフリカ沖で漁師の網にシーラカンスがかかった。この魚は約7000万年前から人類に発見されずに生きていたのだ！　シーラカンスのように、ネッシーだってひっそりと生きのびているかもしれない。

未確認生物 • 39

毛深いモンスター！

ある日、森のなか……毛深い人に出会った。

ビッグフット

アメリカ北西部の森林には、未知の生物がひそんでいるといわれている。人のように2本足で立って歩くが、人よりずっと大きくて、黒っぽい毛で全身が覆われている。北米では類人猿は動物園にしかいないはずなのに、この生物はいったいなんなのだろう？

先住民は200年以上前から、森に暮らす人に似た生き物の話を語りついでいる。子どもをさらう怪物とも、ひっそりと群れで暮らす無害な生き物とも語られるそれは、サスクワッチと呼ばれていた。現在はビッグフットと呼ばれることが多い。

ビッグフットが実在する証拠はあるのだろうか？ 人とくらべて2倍の大きさがある巨大な足跡や、茂みに引っかかった毛が見つかり、一部の人はビッグフットのものと信じている。森のなかでの目撃例は多く、カメラで写真を撮った人もいる。1967年にカリフォルニア州ブラフクリークで、友人2人組が撮影した写真は有名だ。川沿いを2本足で歩く毛深い人のような生き物が写っている。これがビッグフット？ それとも、ゴリラの着ぐるみを着た人なのだろうか？

40 • 未確認生物

イエティ

雪男と呼ばれるイエティも、類人猿に似た未確認生物だ。こちらはアジアの雪深いヒマラヤ山脈にいるといわれている。もともとヒマラヤの人々の伝説や民話のなかに「氷河の生き物」の話があったが、1900年代に入ってから、アメリカやヨーロッパの探検家たちによって、イエティの噂が広まった。

雪についた巨大な足跡が見つかっていて、この生き物を目撃したという探検家もいる。1942年には、自分が見た2頭の生き物はイエティにちがいないと話す男性が現れた。「その生き物の頭は角ばっていて……手首が膝まで届くほど長い腕をしていた」。本当だろうか？ ヒマラヤには人の立ち入らない未踏の地がたくさんある。ひょっとしたら、まだ発見されていない生き物がいるかもしれない……。

ヨーウィー

オーストラリアのゴールドコースト周辺の人里離れた山地には、ヨーウィーがいるといわれている。身長3mの、巨大な足をもつ、サルのような顔をした怪物だ。先住民アボリジニの人たちはヨーウィーの話を代々語りついでいて、現在も目撃情報が報告されている。2019年、配達員のゲイリーが人通りのない森の道にトラックを停めたとき、いきなり「巨大な毛深い生き物」が飛びだしてきてボンネットをたたき、すぐに茂みのなかへ消えていったという。

目撃情報は信用できるのか？

こうしてみると、世界各地に、人に似た毛深い生き物の伝説があるようだ。これらは単に人を驚かすための、つくり話なのだろうか？ それとも実話？ 本当にこんな生き物がいるのなら、どうしてもっと証拠が出てこないのだろう？ ビッグフットやイエティが実在するなら、単独ではなく家族や群れで暮らしているはずだ。その巣はどこだろう？ そして、みんながスマートフォンでいつでもどこでも鮮明な写真を撮れる時代に、ぼやけて不鮮明な証拠写真しか出てこないのはなぜだろう？

とはいえ……新種の生物はいまも発見されつづけている。それまでほとんどの人が見たことも聞いたこともなかったマウンテンゴリラ、コモドドラゴンといった珍しい生物が広く知られるようになったのは、1900年代に入ってからだ。近年、身長が現代人の4歳児くらいのフローレス原人（ホモ・フロレシエンシス）の骨が発見されたときは世界じゅうが驚いた。フローレス原人は1万2000年前まで──人類の長い歴史のなかで見れば、つい最近まで存在していた。そう考えると、ほかにも人に似た生き物がどこかで生きのびていても、不思議ではないのかもしれない……。

未確認生物・41

危険な野獣とヤギ男！

暗くなったら用心しよう。奇怪な獣が君を狙っている。

ボドミンムーアの獣

イングランド南西部のボドミンムーアは、突きでた岩と曲がりくねった深い川のある荒れ地で、いつも風がうなっている。野生動物も多く、目にした人を恐怖で凍りつかせる恐ろしい獣もひそんでいるといわれている。ボドミンムーアの獣だ。

荒れ地には巨大な足跡が残されていた

1970年代に初めて目撃されてから、その獣を見た人の数は何百にものぼり、足跡や、ぼやけた写真など、獣の存在を裏づける証拠も見つかっている。撮影された生き物は、ヒョウのように見えた。農場主たちは、家畜を襲ったのもこの謎の獣にちがいないと考えていた。

1995年、ボドミンムーアの川から、2本の巨大な牙のある頭蓋骨が発見された。これは謎の獣の骨では？ 専門家が調べた結果、それはヒョウの頭蓋骨であると判明したが、ほかにも見つかったものがあった。頭蓋骨の内側に、ゴキブリの卵鞘がついていたのだ。ボドミンムーアにゴキブリはいないことはわかっていたので、この骨は別の場所で死んだヒョウのもの、つまり、でっちあげられた証拠だった。

それでも、ボドミンムーアの獣を見たという報告は現在も寄せられている。獣の正体はなんなのだろう？ 1978年に閉鎖された近くの動物園から逃げだしたピューマが、ボドミンムーアで野生化したのではないか、という説がある。この説が正しいかどうかは、わからない。ただ、夜遅くにボドミンムーアをうろつくのは、やめたほうがよさそうだ……。

「ワース湖に怪人ヤギ男が出没」

目を疑うような見出しが、新聞にのった。1969年の夏、アメリカのテキサス州にあるフォートワース・ネイチャーセンターで実際に起こった、血も凍るような怪奇事件だ。目撃者によると、その怪物は背丈2m、魚の鱗と毛皮に覆われており、長い首の上に角の生えたヤギの頭がついていたというのだ。同様の怪物がヒツジを襲った、車のタイヤをフリスビーみたいに投げた、という報告もあった。

地元では昔から怪物の噂があったが、目撃されたのは1969年の夏が初めてだったので、新聞はこぞって記事に取りあげた。怪物をひと目見てやろうと観光客も押しよせた。そのなかの1人ジョン・ライカートは、ネイチャーセンターをドライブ中に想像以上の恐怖体験をした。突然、怪物が車のボンネットにとびのってきて、振りきろうとしたジョンの車は木に衝突したのだ。

事故現場を調べた警察は、ゴリラの着ぐるみを使った若者のいたずらだろうと結論づけたが、みんなが納得したわけではなかった。それなら、ヒツジを殺して、重いタイヤを投げたのは、だれのしわざだというのだ？

ジェヴォーダンの獣

300年ほど前のこと。フランス南部ジェヴォーダン地方の村人たちは、森の奥深くにひそむ人食い怪物に恐れおののいていた。

最初に、ヒツジの番をしていた14歳の少女が襲われて死んだ。それから死者は100人以上になった。目撃者によると、その獣はオオカミに似ているが、もっとたくましく、長くて細い尾をしていて、巨大な前足と恐ろしい牙をもっている。さらに、すさまじいジャンプ力がある。この獣がなんであれ、被害を食いとめなくてはいけない。

この獣をしとめようとして狩人たちはたくさんのオオカミを殺したが、獣の襲撃は終わらなかった。しかし、ついに地元の猟師ジャン・シャステルが巨大な獣を追いつめ、銃でしとめた。獣の正体は？　歯がゆいことに、はっきりと記録に残っていない。単に大きなオオカミだったのか。あるいは、目撃情報の特徴からライオンだったのでは、と考える野生動物の専門家もいる。ライオンなら、細い尾をもち、オオカミより足が大きく、ジャンプ力もすごい。ただ、1700年代のフランスに、なぜライオンがいたかは謎だ。

人食い怪物が森にいる。村人たちは恐れおののいていた

未確認生物 • 43

悪魔のような怪物

世界じゅうで奇妙な怪物はたくさん目撃されている。すべてが見まちがいといいきれるだろうか？

ジャージー・デビル

アメリカ、ニュージャージー州パインバレンズの森の奥には、ジャージー・デビルがいる。この悪魔の物語は、こんなふうに始まった。300年前、貧しい農民の女性が13人目の子どもを妊娠したが、とても育てていけないと絶望して、その子を呪った。

数カ月後、子どもが生まれた。最初はごく普通の赤ん坊に見えたのに、次の瞬間、その男の子は母親の目の前で姿を変えた。みるみる体は大きくなり、頭から角が生え、指はかぎ爪のようになった。背中からコウモリのような翼が広がり、皮膚は羽毛で覆われた。目は赤く光り、鋭い牙がぎらついている。それは家族を襲ったあと、森の奥へ消えた。悪魔はいまも森をさまよっている……。

ベジタブルマン（野菜男）

1968年夏の夜遅く、ハンターのジェニングス・フレデリックはアメリカ、ウエストバージニア州のひとけのない場所で、とても異様なものに出くわした。人のようにも見えるが、胴体は緑色をした植物の茎みたいで、腕は枝のように細い。顔にはつりあがった目があり、長い緑色の耳もあった。

セロリでできた人間みたいだ！

ジェニングスは、その普通ではない野菜男の手から目が離せなくなった。それの「指」の先は吸引器のようになっていて、爪のかわりに長い針がついている。声も出せずに固まっていたジェニングスの手にその針が刺さり、血を吸った！ 1分後、野菜男の目が黄色から赤色に変わると、それはピョーンと丘を駆けあがって、二度と姿を現さなかった。

モスマン（蛾男）

1966年11月、アメリカのウエストバージニア州で、ロジャーとリンダ・スカーベリー、スティーヴとメアリー・マレットの4人は、車で外出したあと夜道を家に急いでいた。そのとき突然、車の上に、体長2mもある赤い目をした蛾の化け物が現れた。恐怖に駆られ、車のスピードをぐんぐんあげて逃げようとするが、気味の悪い蛾の化け物はついてくる。

蛾の化け物が車の上を飛んでいる

しばらくして蛾は飛びさったが、4人は警察に通報し、事件は新聞で報じられた。やがて、これ以外にも蛾男の目撃情報がたくさんあることが明らかになった。ほとんどの人は笑われると思って黙っていたのだ。事件後1年のあいだに100件以上の目撃情報が寄せられた。

蛾男は、この地域で橋が崩落して46人が死亡する恐ろしい事故が起きたのを境に、ぱったりと目撃されなくなった。しかし、同じ特徴をもつ蛾男は世界じゅうで目撃されている。原発事故、疫病の発生、橋の崩落といった大惨事が起こる直前に。不吉な出来事を予知して蛾男が現れるのだろうか？　それなら余計に、こんな化け物とは出くわしたくないものだ。

未確認生物 • 45

完璧な写真

どんな言葉よりも雄弁な写真……でも、その写真がうそをついていたら?

コティングリーの妖精

約100年前、イングランド北部のコティングリーで、従姉妹どうしの少女2人が世にも不思議な体験をしたと話題になった。フランシスとエルシーは、庭の片すみで遊ぶ妖精たちを写真に収めたというのだ。

エルシーの母親は写真を見て仰天した。少女たちの前で踊る妖精たちの姿が、はっきりと写っている。その写真を見せられた専門家も驚き、これは本物だと認めた。

すぐに国じゅうが妖精の話題でもちきりになった。新聞に取りあげられて、本も出て、多くの人が少女たちから話を聞こうとコティングリーを訪れた。

困ったことに、実はなにもかもつくり話だった。

数週間前に、少女たちが庭で妖精を見たと話したとき、大人たちが信じてくれなかったことが始まりだった。腹を立てた少女たちは、大人たちを驚かせようと、切りぬいた妖精の絵を庭に置いて写真を撮った。

そのちょっとしたいたずらが大ニュースになった。大人たちがみんな妖精を信じきってしまって、少女たちはどんな気持ちになっただろう! いまさら、うそだとはいいだせなくなって、そのまま何年も過ぎた。

大人になってから、エルシーは写真がでっちあげだったと認めた。でもフランシスは1986年に亡くなる直前、最後にあの写真について話したとき、こういいのこした。「ほとんどはニセ物だったけど、1枚だけは本物だったのよ……」。

外科医の写真

何百年も前から、スコットランドの大きな湖、ネス湖の深みには、怪物がいるという伝説があった。1930年代にはついに、ネッシーの写真がイギリスの新聞に掲載され、大ブームになった。その写真は「外科医の写真」として知られている。

1934年に撮影された白黒写真は少しぼやけているが、水面から長い首を出した恐竜のような姿がはっきり確認できる。これは本当に「ネッシー」なのか？ 多くの人は信じた。なぜなら、この写真を撮ったのは、みんなから尊敬されるロンドンの医師、ロバート・ケネス・ウィルソンだったからだ。医師がうそをつくはずがない。先生が本物だというなら本物だ。

60年後、明らかになった真相は……

ところが実は、その写真はマーマデューク・ウェザラルという有名なハンターによる、でっちあげだった。1933年、マーマデュークは新聞社にやとわれてネッシーを追いはじめた。湖のまわりで巨大な足跡を発見し、これでネッシーをつかまえられると期待したのに、その足跡はだれかが彼をだますためにゾウの足の模型でつけたニセ物だった！ 新聞記事でもそのことをばかにされたマーマデュークは、仕返しのためにネッシーの写真をでっちあげたのだ。新聞社は食いつくに決まっていた。

マーマデュークはおもちゃの恐竜を湖に浮かべて、友人の友人だったウィルソン医師に写真を撮ってもらった。医師を疑う人はいない。その狙いどおり、何年も「外科医の写真」は本物だと思われていた。結局、世界で最も有名なネッシーの写真はニセ物だった。だが、写真はほかに何枚もある。全部がでっちあげといいきれるだろうか？

つくり話 • 47

古代の洞窟

偶然に発見された古めかしい地下洞窟……
本当に古代につくられたのだろうか？

テンプル騎士団の地下道

2017年、イングランドのシュロップシャーで、アーチや通路や階段のある地下道が発見された。いったいだれが、なんのために砂岩を掘ってこんなものをつくったのだろう？　これはかつてテンプル騎士団が使っていた地下道だといいだす人がいて、この発見は大ニュースになった。

テンプル騎士団とは1100年代に結成されたキリスト教の宗教騎士団だ。騎士でもあり修道士でもある彼らは、ヨーロッパから聖地へ旅する巡礼者を守っていた。騎士団は1300年代に解散したが、特別な聖遺物を守る極秘組織として存続したという伝説がある。だから、どこかに未発見のテンプル騎士団の秘宝が眠っている、と信じている人たちも存在する。

そのテンプル騎士団の地下道が見つかれば、大騒ぎになるのは当然だ。でも、本当にテンプル騎士団が使っていた地下道なのだろうか？　この地域には、ほかにも地下道がある。たとえば近くのホークストーン・パークにある地下道は、もっと規模が大きい。このパークの地下道が1700年代に観光客用のアトラクションとしてつくられたことは、みんなが知っている。ひょっとすると、発見された地下道も呼び物の1つだったのだろうか？

マーゲイトの貝殻洞窟

1835年、イングランドのマーゲイトで、ジェームズ・ニューラヴが家のそばで池を掘っていたとき、偶然に大きな地下洞窟を見つけた。調べてみようと、息子のジョシュアがロープをつけて洞窟のなかにおりていくと……。

目の前には驚きの光景が広がっていた。地下洞窟の内部は貝殻でびっしりと美しく飾られていたのだ。

まず円天井の広間があり、そこから通路を進むと、教会の祭壇のようなものがある小部屋があった。どこも壁は貝殻で埋めつくされていて、繊細な模様や装飾がほどこされている。フクロウ、ワニ、カメ、骸骨など、模様はさまざまだ。

貝殻がどうやって集められたのかは謎だ

研究者が数えてみたら、貝殻は400万個以上あった。マーゲイトの海辺で見つかるものもあれば、遠くカリブ海にしかいない貝もある。どうやって集められたのだろう？

現在も、だれがこんな壮麗な隠れ家をつくりあげたのかわからないし、いつごろできたものなのかも、はっきりしていない。発見されてから人気の観光地になり、通路にガス灯を設置したせいで貝殻に煤がつき、考古学者が年代を測定できなくなっているようだ。

こんな洞窟をつくった理由はなんだろう？ ここに隠れていたのは、古代宗教の秘密結社、魔法使い、またしてもテンプル騎士団などなど、いろいろな説がある。そして、だれかのでっちあげだと考える人もいる。いまのところ、真相はだれにもわかっていない……。

つくり話 ● 49

ペテンやうそのほら話

あとからうそだっていわれても、信じないよ！

ピルトダウン人

1912年、アマチュア考古学者のチャールズ・ドーソンが、イングランド南部ピルトダウン村で大発見をした。古い頭蓋骨、歯、あごの骨の化石だ。チャールズは、大英博物館の化石専門家アーサー・ウッドワードに骨を見せた。

アーサーは驚き、これは50万年前の人類の祖先の骨にちがいないと考えた。しかも、この頭蓋骨はいままで発見されたことのない、サルからヒトへの進化の過程を明らかにする化石「ミッシングリンク（失われた環）」だ。この頭蓋骨は「ピルトダウン人」と名づけられ、世紀の大発見として有名になった。

ところが、1949年の最新技術によって頭蓋骨の正確な年代測定を行うと、50万年前ではなく500年前の骨だとわかった。さらに、頭とあごの骨は、それぞれ別の種——ヒトとサルのものだった。わざわざサルの歯を削って、ヒトの歯のように見せかけていたのだ。そして念入りに、古く見えるよう骨を着色していた。

大胆なでっちあげだけど、犯人はだれ？

もちろん、いちばん疑われたのはチャールズだが、ずいぶん前に亡くなっている。ペテン発覚から何年かたって、大英博物館の倉庫から古い箱が見つかった。なかにはピルトダウン人の骨とまったく同じように着色された骨があった。この骨で色をつける練習をしたのか？　博物館のだれかが、でっちあげにかかわっていたのだろうか？

大西洋岸北西部のキノボリダコ

「1998年に大西洋岸北西部で発見されたキノボリダコが、絶滅の危機に直面している」。専門家がつくったような体裁のインターネット・ウェブサイトが、アメリカのワシントン州で発見された新種のタコが絶滅寸前だと訴えている。そこには、木に登っているタコが孵化するようすを映した動画のリンクも用意されていた。

実はこれは、もっともらしいジョークを書くライル・サパートという人物が、でっちあげたウェブサイトだ。それなのに、のちに行われた調査では、このサイトを見た13歳の子どもたちの約9割が、キノボリダコは本当にいる、と信じていたことがわかった。

絶滅寸前の木に登るタコ⁉

ウェブサイトの内容は説得力があって、研究による裏づけもあるように書かれていたから、ほとんどの子はそれだけで本当の話だと受け入れてしまったのだ。ネット上の情報をうのみにしないよう学ぶことの大切さを、タコが教えてくれた。

転がる岩

1867年10月、アメリカのネバダ州の新聞に、ダン・ド・キールという人の記事が掲載された。この人は、おもしろいほら話をでっちあげて書く記者として有名だった。1800年代後半は驚くべき科学の新発見が次から次へ生まれた時期だったので、ダンはそれを茶化す記事を書いていたのだ。今度は、パラナガット山地に奇妙な岩があるというほら話を書こう。ここの岩は寂しがりやで、平らな面に岩と岩を離しておいても、必ず転がってくっつき合ってしまうという設定だ。

完全なおふざけ記事だったのに、いつの間にか世界各地の新聞に転載されて……読者から問い合わせが殺到した。大金を払うから、その驚くべき岩を見せてまわってくれとまでもちかけられた。全部うそです、でっちあげです、とダンがいっても、科学者たちはほら話だと信じてくれなかった。驚くべき科学的発見をダンがひとりじめにしようとしている、と疑ったのだ！

最初の記事の発表から12年たっても、ダンのもとには転がる岩について問い合わせる手紙が届いていた。あれは記者がでっちあげた話ですと知らせるための記事も発表したのに、それすらも信じない人たちがいたのだ！

つくり話 • 51

存在しない島

地図には描かれていたのに……いくら探しても見つからない島なんてあるの？

ハイ・ブラジル

1800年代まで400年にわたって、アイルランドの西にハイ・ブラジルという小さな島があるとされ、地図にも描かれていた。もちろん現在はそんな島は実在しないとわかっているけれど、海図に位置が記されていた当時でさえ、その島を実際に見たという人はほとんどいなかった。というのも、ハイ・ブラジルは普段は完全に霧に隠されていて、7年に1日だけ見えると伝えられる幻の島だったからだ。

いつも霧に包まれていて、7年に1日だけ現れる幻の島

それでも、1647年、この島を見ただけでなく、上陸したと語るジョン・ニスベットというスコットランド人船長が現れた。船長の話では、その島は大きな黒ウサギだらけで、石づくりの城に住む年とった賢い魔法使いが、船乗りたちに金銀財宝を与えていたというのだ。

何年かのち、アイルランドの歴史家T・J・ウェストロップも島に上陸した。彼はその島に魅せられて3度もそこを訪れ、休日には家族も一緒に連れていったという！訪れるたび、島はどこからともなく現れ、帰るときにはいつの間にか消えさっていた。

現在、確実に存在しないとわかっている島に、どうして上陸できた人たちがいるのか、多くの人が謎を解こうとしている。大西洋のこのあたりにはポーキュパイン・バンクという海底の岩棚があって、海がとても浅くなっている。かつて氷河期には、水が雪と氷に変わって海面がさがったはずなので、そのころ陸地だったポーキュパイン・バンクが、神話めいた幻の島ハイ・ブラジルだと考えられていたのだろうか。

でも……最後の氷河期は1万2000年ほど前に終わっている。それよりずっとあとに人々が上陸したという島は、いったいどこにあったのだろう。

52 ● 消えさった場所

クロッカーランド

100年ほど前まで、北極は人類が足を踏みいれたことのない厳寒の地だった。北極点に到達した人もまだいなかったので、冒険家は激しい競争を繰り広げていた。

アメリカ海軍士官のロバート・ピアリーは、1906年までに5回も北極点到達に挑戦し、5度目の挑戦では、あと少しのところで悪天候に見舞われて失敗していた。6度目の遠征のためには資金が必要だった。

幸い、銀行家のジョージ・クロッカーなど裕福な友人たちから援助が得られた。ロバートは以前の遠征で発見した大きな島を、恩人にちなんでクロッカーランドと名づけていた。この新たな島は北極の地図にも加えられた。

1909年、ロバートは6度目の遠征に出発した。今回は、ライバルであるアメリカ人フレデリック・クックとの競争になった。何カ月も過ぎて、戻ってきたロバートは勝利を宣言した。ところが奇妙なことに、フレデリックも北極点に到達したと主張し……しかも、クロッカーランドなんて島はなかったといいだした。そんなはずはない！　歩くのに精いっぱいで見逃したのではないか。

混乱を収めるため、1913年、3人目の探検家ドナルド・マクミランが謎の島を探して出発した。4年後、驚くべき知らせとともにドナルドは帰ってきた。「クロッカーランドは、どこにもなかった」。

どういうことだろう？　島に自分の名前をつけたがる裕福な人たちに協力してもらうために、ロバートはクロッカーランドをでっちあげたのか？　証拠はないが、その可能性は高いと思われている。

消えさった場所 • 53

海に沈んだ都市

昔それはそれは美しい都があった……伝説に残る都市はいまどこに？

アトランティス

いまから2000年以上前、ギリシャの哲学者プラトンは、かつて大西洋の島にあった大都市について書いている。それが何千年も前にほろびたといわれる都市アトランティスだ。そこに暮らす神のごとき人々は、すばらしい文明を築いて、さまざまな動物、宝石、貴金属に囲まれていた。ところが突然、謎の大災害が起こって、都は消えた。

これはプラトンのたとえ話で、うぬぼれは身をほろぼすと伝えたかっただけだろう、と考えられていた。自分たちは特別で優れていると思ってえらそうにしていると、神の怒りをかうという教訓だ。しかし数百年たって、人々は疑問をもった……アトランティスが実在していたとしたら？

世界各地でアトランティス探しが始まった。ジブラルタル海峡、アゾレス諸島、クレタ島、テネリフェ島。それでもまだ、どこにあったのか、本当にあったのか、わかっていない。

手がかりらしきものは、いくつか見つかっている。何年か前、バハマ諸島ビミニ島近くの海のなかで、人がつくった道のようなものが発見された。大きな長方形の石灰岩が敷石のように約1kmまっすぐに並んでいて、両側は一段高く、歩道のようにも見える。珍しいけれど自然にできた岩石の層だろうと地質学者は考えているが、アトランティスの遺跡だと考える人もいる。

まだ確実な証拠は見つかっていなくても、海は広い。将来どんな発見があるか期待しよう。

54 • 消えさった場所

ヴィネタ

海に消えた都はアトランティスだけではない。バルト海の暗くて冷たい水のなかには、伝説の楽園都市ヴィネタが沈んでいる。伝説では1000年前、ある島にとても栄えた都があった。立ちならぶ店には最高級の品があふれ、住民たちはみなこの上なく美しい服を着ていて、子どものおもちゃでさえ、金と銀でできていた！ ところが人々は悪い行いをするようになり、神々の怒りをかった。

神につかわされた人魚が、このままでは恐ろしいことになると警告したが、人々は耳を貸さなかった。楽しいことばかりに夢中だったからだ。年をとった賢者も、都から逃げるよう若い人たちを説得しようとしたが、今度も聞く人はいなかった。ついに神々は人々を見はなし、激しい嵐を呼んで都ごとバルト海に沈めた。

沈んだ都は
いまどこに？

ヴィネタはバルト海沿岸のポーランドの島、ヴォリンの近くに沈んでいるという説がある。そこでは、柱や建物の一部と見られるものが、岸から海のなかまでつづいているというのだ。海が穏やかな日に、水に沈んだ通りを歩く幽霊を見たという人もいる……。

消えさった場所 • 55

バビロンの空中庭園

世界の七不思議の1つ、バビロンの空中庭園はどこにあったのか？

2000年ほど前、古代ギリシャの人々は、地中海から中東の地域にあった驚くべき建造物7つについて書物に記した。それらは現在でも世界の七不思議として有名だ。

エジプトにはギザの大ピラミッドと、アレクサンドリアの大灯台があった。ギリシャのオリンピアには象牙でできた巨大なゼウス像。トルコには壮大なアルテミス神殿と、いくつもの等身大の彫像が並ぶマウソロス王の霊廟。ロードス島の港には、そびえたつブロンズの巨像。そしてバビロンには、まるで空中に浮かんでいるように見えるテラスに草花が生いしげる、信じられないほど美しい庭園があったのだ。

ピラミッドはいまでもあるし、ほかの5つの不思議についても証拠が見つかっていて、どこにあったか正確にわかっている。ところが空中庭園については、ほとんどなにもわかっていない。

空中庭園が本当にあったのなら、いったいどこに消えたのだろう？

古代バビロンの都は現在のイラクにあった。そこからは、すばらしい遺跡が次々と見つかっている。空中庭園が実在したとすれば、2500年以上前にネブカドネザル2世によってつくられたにちがいない、と考えられている。緑豊かなふるさとを恋しがっていた王妃アミュティスのために庭園をつくったのだろうか？

建築好きだったネブカドネザルは、バビロンに神殿や宮殿をいくつも建て、古代世界で一、二を争う大都市をつくった。当時の建築の記録も文書に残していて、記録されていた建物は実際に遺跡として発見されている。しかし空中庭園については、いっさい記録がない。では、なぜ空中庭園は実在したと思われているのか？ それは古代の人が、七不思議についてかなりくわしく書いているからだ。7つの建造物のうち6つが実際にあったのに、7つ目の空中庭園だけ架空のものとするのもおかしい。

それにしても、2500年前のバビロンは太陽が照りつけるとても暑い場所だった。そんなところで、どうやってさまざまな植物が生いしげる庭をつくれたのだろう？ 何年もバビロンの遺跡を調べている考古学者は、ネブカドネザルの名入りの、瀝青が塗られたレンガを発見した。瀝青はタールに似た防水剤で、レンガに水が染みこむのを防ぐ。花壇など水を通したくないところにぴったりだ。近くのユーフラテス川から「アルキメデスの螺旋」という優れた装置で水をくみあげ、高いところにある防水のテラスに庭園をつくったと考えられる。

56 ● 消えさった場所

このように、空中庭園は本当にあったのかもしれないけれど、もっと証拠が出てくるまでは……

世界の大いなる謎の1つでありつづけるだろう

失われた都市

失われたのか、最初からなかったのか？

エルドラド

400年前、南アメリカを探検して帰ってきたヨーロッパ人たちは、密林の奥深くに夢のような黄金郷があるという話を広めた。探検家フアン・ロドリゲス・フレイレは、このように書いている。ある集落の住人たちは指導者の体に金粉をまぶす。指導者は宝石で飾りたてたいかだに乗って湖に出て、神へのささげものとして金色に輝く宝を水に投げこむ。フレイレはこの指導者を「黄金の人（エルドラド）」と呼んだ。こうしてエルドラドの噂は、またたく間に広まった。

神秘的な黄金の都は、どこを探しても見つからなかった

黄金の人が神話めいた黄金の都エルドラドに変わり……最後には広く黄金郷を指す言葉になった。

探検家たちは、ほかにも黄金都市の話をもちかえった。失われた都市Z、キヴィラ、ラ・カネーラ、パイティティなどだ。ヨーロッパじゅうの人が黄金をほしがって、一獲千金を夢見た探検家があらゆるところを探したが、神秘的な黄金の都なんてどこにもなかった。

現在でも、南アメリカの密林にわけいっていく冒険家は多い。そこに隠されているにちがいない黄金の都を見つけるために、枝葉の奥まで見通せるレーザー技術も使っている。レーザー光線なら、いずれエルドラドの秘密を明らかにできるかもしれない……。

58 • 消えさった場所

リベルタティア

恐れしらずの戦いや挑戦を好む海賊が、何百人も集まって暮らす島があったら、どうだろう？ 恐ろしい場所に決まっている？ いいや、リベルタティアの話が本当だったとすると、海賊の島は意外にも楽しい場所だったようだ。

1726年に書かれた『海賊史』には、マダガスカル島近くのリベルタティアで、海賊たちが平和に一致団結して暮らしていたとある。この本の作者はキャプテン・チャールズ・ジョンソンだ。本のなかでリベルタティアをつくったとされる人物は、フランス人の海賊ジェームズ・ミッソン。彼は住民一人ひとりが自由で、平等に暮らせる場所をつくろうとしていた。

海賊たちは平和に、一致団結して暮らしていた

ジェームズは仲間に加わるよう海賊たちを集めた。町をつくり、作物や家畜を育て、全員に発言する権利を与えて、公平な法律まで定めていた。これは1700年代においては画期的な考え方だ。

こんな場所が本当にあったのだろうか？ リベルタティアという島は発見されていないし、『海賊史』は有名作家ダニエル・デフォーが偽名で書いたのではないか、とも考えられている。デフォーは当時イングランドの政治に強く反対していたから、自分の意見を表明するために、理想的な楽園の島をつくりだしたのだろうか？

ちがう意見をもっている人たちもいる。『海賊史』には、黒ひげ、メアリ・リード、ブラック・バートなど、多くの実在した海賊について、くわしく書かれている。本の内容がここまで正確なら、リベルタティアも本当にあったのではないかと、その人たちは考えている。

埋もれた財宝

一獲千金を夢見て、宝探しに一生をかけるトレジャーハンターたち。

失われた金鉱（ロストダッチマン鉱山）

アメリカのアリゾナ州スーパースティション山地には、野心あふれるトレジャーハンターが、毎年、何百人も押しよせる。ときには命を失うほどの危険をおかしてでも、ロストダッチマン鉱山の金鉱を見つけようとしているのだ。伝説では、その金鉱は1800年代に発見された。

当時、ペラルタというメキシコ人がそこから大量の金を掘りだして家にもちかえろうとしたが、途中で何者かに襲われて金を失った。何年かのち、「ダッチマン」のあだ名をもつドイツ人ジェイコブ・ワルツが金を探していて、偶然にペラルタの金鉱のありかを記した地図を見つけた。

ジェイコブは金鉱のありかを秘密にして、だれにも教えなかった。

ジェイコブは大金持ちになったが、金鉱のありかをだれにも教えなかった。でも、年をとって死ぬ直前、友人のジュリア・トーマスだけに話した。ジュリアは金鉱を探してスーパースティション山地を何週間もさまよい、結局見つけられなかったが、生きて戻って話を伝えた。そのためか、いまも山に入るハンターはあとを絶たない。

60 • 消えさった場所

オーク島

カナダ、ノバスコシア州沖の大西洋にオーク島はある。森に覆われたこの小さな島は、湾に浮かぶほかの300の島とほとんど見わけがつかない。

それでも、オーク島には驚くべき秘密が隠されていると信じる人は多い……

200年前のある夜、ダニエル・マクギニスという少年がオーク島で揺れる光を見て、翌朝、調べにいった。そこには滑車が取りつけられ、地面には奇妙なくぼみがあった。まるで、だれかが大きな穴を掘って、なにか重いものを滑車でおろしたあと、埋めなおした跡のように見えた。

このあたりの島は昔、海賊の隠れ家だったから、宝が埋められているかもしれない。ダニエルは友だちと一緒に穴を掘りはじめた。やはり、すでに掘りかためられていたかのように丸い穴が、井戸みたいに地面の奥深くまでつづいていた。ただし井戸とちがい、水ではなく土がたまっている。さらに6mほど掘り進んだところで、穴に差しわたしてある木の板にぶつかった。

板をどけても宝はなく、また土があるだけだった。それから何日掘りつづけても、なにも出ず、少年たちは疲れてあきらめてしまった。

しかしオーク島に宝が埋まった穴があるという噂は広まり、すぐにほかの人たちが穴掘りをつづけた。30m掘ったところで、不思議な記号が彫られた石板が見つかった。やはりここには特別なものが埋められていると確信し、トレジャーハンターたちは掘り進んだが、やがて穴に水がたまるようになって、ポンプでくみだしても間に合わなかった。

現在でも、オーク島の謎に魅せられ、最新のドリルなどの機械を使って穴を掘りつづけている人たちがいる。そして、なにかがあることをにおわせるものも見つかっている。羊皮紙の断片、太い木材、セメント、さらには金の小さなかけらまで。そして、ある専門家によって石板の不思議な記号も解読された。「12m下に200万ポンド埋まっている」。穴の底に本当に宝が埋まっているとしても、まだ見つかってはいない……。

危険な山地をくまなく探しても、ダッチマンの金鉱は見つかっていない。危険をおかすほどの宝が本当に眠っているのだろうか？ いまはまだ一獲千金の夢をかなえた人はいない！

消えさった場所 • 61

死者の霊とポルターガイスト
人は死んだあと霊になる？

死者の霊と話す

幽霊を見たことはある？　夜中に妙な物音を聞いたことは？「ある」と答える人は多く、人の体は死んでも精神は霊となって残ると、世界各地で信じられている。証拠はあるのだろうか？

人は何千年も前から死者の霊とコミュニケーションをとろうとしてきた。1800年代には、死者と話すための降霊会が流行した。霊と話せるとされる霊媒師が、暗い部屋に人を集めて、トランス状態に入って霊と交信する。この世を去った愛する人と、もう一度話すために、たくさんの人が降霊会に参加した。

霊媒師なんてインチキだと考える人も多かったが、降霊会をきっかけに死後の世界について調べようとする人たちも現れた。幽霊探しもさかんになり、科学の名のもとに、勇気と冒険心あふれる人たちが幽霊屋敷に泊まりこんで調査をした。

霊媒師はトランス状態に入って霊と交信する

説明のつかない冷たい空気、奇妙な球状の光、不思議な幻、不気味な音が調査対象だ。調査結果にもとづいて、幽霊はいくつかのタイプにわけられた。そのなかで最もよく知られているのが「生者に別れを告げる霊」。亡くなった直後に、愛する人の前に姿を現す霊だ。まるで、あの世へ行く前に、最後のさよならをいいにきたように思える。

そして、最も派手な現象をひきおこす霊といえば、ポルターガイストだろう。たいてい姿は見せないが、家のなかで驚くような現象を発生させる。ドアがひとりでにバタンと閉まる、明かりが勝手についたり消えたりする、食器棚から皿が飛びだすといった現象だ。1800年代に存在した最も有名な幽霊ハンター、ウィリアム・バレット卿は、1877年にアイルランド、デリーゴネリーの農家で調査したポルターガイストについて次のように書きのこしている。

62 • 心霊現象

デリーゴネリーの悪魔

その家に住む男性と5人の子どもたちは「眠れない」と訴えていた。毎晩、家のあちこちから壁や床をたたく音、ひっかく音がするというのだ。最初はネズミかと思ったが、いくら探しても1匹も見つからず、原因がまったくわからなかった。やがて音がするだけでなく、ものが動くようになった。ロウソクやブーツが、ひとりでに窓の外まで飛んでいった。

台所のテーブルにひと晩じゅう聖書を置き、閉じないようにページを石で押さえておくこと。この助言どおりにすると、翌朝、石はなくなり、聖書はビリビリに破かれていた。家族は恐怖におびえ、悪魔を寄せつけないように、夜はずっと明かりをつけておくようになった。

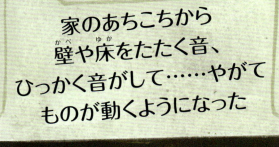

家のあちこちから壁や床をたたく音、ひっかく音がして……やがてものが動くようになった

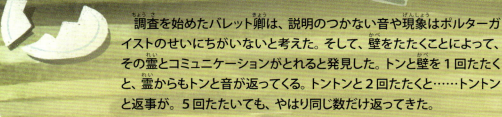

調査を始めたバレット卿は、説明のつかない音や現象はポルターガイストのせいにちがいないと考えた。そして、壁をたたくことによって、その霊とコミュニケーションがとれると発見した。トンと壁を1回たたくと、霊からもトンと音が返ってくる。トントンと2回たたくと……トントンと返事が。5回たたいても、やはり同じ数だけ返ってきた。

それどころか、バレット卿は自分がノックの数を念じるだけで、同じ数の音が返ってくることに気づいた。霊に心を読まれている！　悪魔のしわざかもしれないと恐れてバレットが聖職者を呼ぶと、霊はこれまでになく激しくたたきつけたり、引きずったり、ひっかいたりするような音をたてはじめた。しかし聖職者が主の祈りを唱えると、ポルターガイスト現象は止まり、音もしなくなった。ついに悪霊ははらわれ、一家は涙を流して安心し、ぐっすり眠れるようになった。

心霊現象 • 63

幽霊屋敷

質素な家から豪華な宮殿まで、心霊現象はどこでも起こる。

マリー・アントワネットの幽霊

1901年8月の暑い日、シャーロット・アン・モーバリーとエレノア・ジュールダンはフランスのヴェルサイユ宮殿を観光した。この宮殿には昔、フランス国王ルイ16世と王妃マリー・アントワネットが住んでいたが、1789年にフランス革命が起こり、王と王妃はその後、革命派によって殺されている。

夏の晴れた日に宮殿を訪れた2人の女性は、庭園を見てまわっていたが、そのうち広い敷地内で迷ってしまった。さびれた農家風の建物のそばを通りすぎるころには、天気はよいのに、なぜか空も木々の緑も色あせたように感じられた。その庭は、なんとなく不気味だった。

2人とも背筋に寒気がした

さらに奇妙なのは、古風な服装の人たちを何度も目にしたことだった。宮殿では時代物の衣装を着た役者をやとうこともあるようだが、2人が会った人たちは、まるで本物の昔の人みたいだった。長いフロックコートを着て三角帽をかぶった庭師も3人いた。シャーロットは、橋の上で座ってスケッチをする女性を見かけた。ブロンドを巻き髪にした、古めかしい夏用のドレスを着ている女性だ。

数日後、ある事実を知って、シャーロットとエレノアは心底驚いた。2人が観光した日、宮殿では役者をやとっていなかった。さらに国王ルイと廷臣の絵を調べてみると、そこには、あの日2人が見た人たちが描かれていた。そして、橋の上でスケッチしていた女性は、マリー・アントワネットにほかならなかった。

エンフィールドのポルターガイスト

　エンフィールドのポルターガイストは、歴史上最も有名で、くわしく調査されている心霊現象だ。それはイギリス、ロンドンのエンフィールド区にあるごく普通の家で、1977年8月31日に始まった。その夜、ペギー・ホジソンは子どもたちを寝かしつけた直後、寝室から耳をふさぎたくなるような、なにかがこすれる音を聞いた。急いで寝室に行くと、たんすのひきだしが開いて、床をこすって飛んでいったようなありさまだった。ベッドの上では11歳のジャネットと弟のジョニーが、たんすを見つめて、おびえていた。

　ペギーは、ひきだしを元どおりにしまおうとしたが、できなかった。だれかが押さえているかのように動かない。そのとき、ドンドンと強くたたく音が、壁からも、天井からも、床下からも鳴りだした。ペギーは怖くなって警察を呼んだ。最初は警察官も家族の話を信じなかったが、いすが浮きあがるのを見て仰天した！

　この夜の出来事はほんの始まりで、それから2年間、不気味な現象はつづいた。おもちゃのブロック、ビー玉も宙を舞い……ジャネットまで、見えない力に振りまわされたといいだした。

すべてが本当にポルターガイストのしわざなのか？

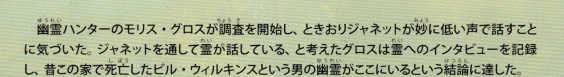

　幽霊ハンターのモリス・グロスが調査を開始し、ときおりジャネットが妙に低い声で話すことに気づいた。ジャネットを通して霊が話している、と考えたグロスは霊へのインタビューを記録し、昔この家で死亡したビル・ウィルキンスという男の幽霊がここにいるという結論に達した。

　そして1979年の終わりごろ、この現象は突然やんだ。なぜ、どのようにして終わったのか、だれにもわからない。ただ……専門家のなかには、ポルターガイストなど最初から起こっていなかったのだと考える人もいる。不気味な出来事はすべて、頭のまわるだれかのいたずらだったとしたら、すべて説明がつくと考えたのだ。

心霊現象 • 65

魔女狩り
魔女なんて、おとぎ話のなかにしかいない？

　500年ほど前のヨーロッパやアメリカには、「現実の」魔女を恐れる人たちがたくさんいた。魔女は悪魔と通じていて、特定の人やその家族に呪いをかけることができると信じられていたのだ。だから、なにか困ったことがあると、すぐに魔女のせいにされた。子どもの元気がない？　魔女のしわざだ。ウシが乳を出さない？　魔女だ。角に足の指をぶつけた？　魔女を探せ……。といったぐあいだ。

　魔女を恐れるあまり、町や村で魔女狩りが始まった。魔女といっても黒いマントを着て、とがった帽子をかぶっているわけではないから、なかなか見つからない。魔女は男、女、さらには子どもであってもおかしくないのだ。あいつは魔女だと告発された人は、無実を証明するためのテストを受けなくてはならなかった……証明できなければ魔女だと認めるしかない。

　ただ実際は、魔女ではないと証明するのは難しかった。多くのテストがあって、必ずなにかはひっかかるようになっていた。体のどこかにほくろやあざがあったら、悪魔と通じていた証拠だ。疑わしい人を水に投げこむことも行われた。魔女は水に浮くとされたから、ずっと水に沈んでいなくてはならない。主の祈りを一度もまちがえずに唱えることも求められた。これらをすべて切りぬけたとしても、拷問が待っていて、最後にはほとんどの人が「自分は魔女だ」と自白した。

魔女は水に浮く？　それとも沈む？

ヨーロッパとアメリカで、何千人もが魔女の疑いをかけられた。1543年には、デンマークのジェイド・スパンドマーガーという女性が、オランダ海軍の軍艦に魔法をかけたとして有罪になり、火あぶりにされた。

イングランドでは1612年、店主に呪いをかけたという罪で、10人の男女が魔女としてとらえられ、絞首刑になった。

恐怖とパニックは火のように広がっていく

セイラム魔女裁判

魔女狩りの最も有名な例は、セイラムで行われた魔女裁判だ。1692年、アメリカのマサチューセッツ州セイラムで、2人の少女が魔法をかけられたといいだした。村の牧師の娘と姪である2人は、けいれんを起こしたように暴れ、泣きさけんだ。これはまさに悪魔の呪いだ。魔法をかけたのはだれだ？ 3人の女性が魔女として名指しされ、拷問を恐れて1人が自白した。さらに、その自白した女性は、ほかにも魔女がいると話した。

人々は魔女狩りにやっきになったが、自分が魔女として告発されることも恐れていたので、まともな法律を無視して、自分以外の人間を魔女に仕立てあげようとした。あの人が魔女として夢に出てきた——こんなばかげた「証拠」だけで人を逮捕した。

それから15カ月間に、20人が魔女として有罪を宣告され、命を奪われた。だが時間がたつにつれてセイラムの人々は冷静になり、こんな裁判は信用できず、罪もない人が殺されていると気づきはじめた。1693年5月、魔女として逮捕されていた人たちは釈放され、セイラムに日常が戻った。

心霊現象 • 67

集団ヒステリー

絶対、集団に加わらないほうがよいときもある！

危険なダンス

1518年の夏、フランス北東部、ストラスブールの路上で、トロフェアという女性が突然、踊りはじめた。理由はだれにもわからなかったが、すぐに人がたくさん集まり、声援を送って手拍子で盛りあげた。トロフェアは夜がふけて朝がきても踊りつづけ、なんと6日間もダンスをやめなかった。

これは、どう考えても異常な事態だ。しかも、町じゅうの人がどんどんダンスに加わって人が増えていった。最初はほんの数人だったのに、1週間後には何十人もの集団になっていたのだ。

町のえらい人たちにも止めるすべはなかった。ダンスは「情熱」によるものなので、好きなだけ踊って熱を発散するのが最善の治療法だと医師は判断した。そこで町の役場が開放されて、パーティーになった。演奏者もやとわれて、ダンスの音楽をかなでた。でも、その治療法が裏目に出たのか、結局400人以上が立っていられなくなるまでダンスに熱中する事態になった。

ダンスのしすぎで死んでしまう人も……

……人々がそこまでダンスに夢中になったのはいったいなぜ？

68 ● 人の心と体の不思議

笑いは、最良の薬？

1962年1月、アフリカのタンガニーカ（現在のタンザニア）という国で、寄宿学校の女子生徒3人がクスクス笑いだして止まらなくなった。さらに笑いはほかの生徒たちにもうつって、たちまち学校の半分以上の生徒がふきだしたり、笑い声をたてたりするのをやめられなくなった。しかも、数分どころの騒ぎではなく……。

……笑いは何日もつづいた

学校の先生たちもなすすべなく、生徒たちは笑いつかれて、授業なんてできなかったので、やがて学校は閉鎖になった。ところが、この学校が休みになったくらいでは笑いはやまず、近くのほかの学校にも広がり、結局、おかしな笑いが完全に止まって日常が戻るまでには2年かかった。どんなにおもしろいことがあったとしても、そんなに笑えるものだろうか？

体が勝手に動きだす

2011年、アメリカのニューヨーク州リロイに住むチアリーダー、ケイティ・クラウトワーストは、昼寝のあと、顔がピクピク勝手に動いてしまうことに気づいた。それからすぐに全身にけいれんが起こり、手足も激しく動きはじめた。ケイティはその夜、病院に運ばれ、けいれんを抑えるためベッドに固定された。原因は医師たちにもわからなかった。

数日後、ケイティの親友セラ・サンチェスにもけいれんがうつったように、言葉につっかえる、勝手に頭や腕が激しく動いてしまうといった症状が現れた。その後、何人もに同様の症状が出て、ケイティと同じ学校に通う約20人の生徒が、自分ではコントロールできないけいれんの発作に見舞われる事態になった。

保護者たちは、近くで流出した有害な化学物質のせいではないか、水が汚染されているのではないか、と心配した。しかし証拠は見つからず、原因がわからないまま数か月たって、けいれんの症状は消えていった。始まったときと同じように、終わった理由もよくわからなかった。

いったいなにが起こったの？

これらはすべて「集団ヒステリー」の事例だと専門家は考えている。あくびが「うつる」（混んでいる電車で見たことがあるだろう）のと同じように、特定の行動は、まるでウイルスのように人から人へ感染する。でも、そもそもなぜ人は急にけいれんしたり、踊ったり、笑いだしたりするのか？ 医師によれば、強いストレスを受けていると、精神的な不安が、けいれんのような身体的症状となって現れることがある。これは「転換性障害」というヒステリーの一種と考えられていて、学校の生徒や町の住民といった集団全体がストレスにさらされると、集団ヒステリーが起こることがある。

人の心と体の不思議 • 69

超能力
超自然な力？ それとも手先が超器用？

単なるマジック？

マジシャン（手品師）は、あたかも念じるだけで驚くべきことをしているように見える。カギやスプーンをまげたり、人の心を読んだり、ものを宙に浮かせたりもできる。でも、これらはすべてタネもしかけもあるトリックだと、マジシャンは認めている。いっぽうで、テレキネシス（念じるだけでものを動かす力、念動力）やテレパシー（人の心を読む力）といった能力は現実にあると信じている人たちもいる。また、自分はこれらの不思議な力をもつ超能力者（サイキック）であると主張する人たちもいるのだ。

1970年代、ロシア人のニネル・クラギーナという女性は、手を使わずに念じるだけでマッチ棒を動かしてみせ、研究者たちを驚かせた。イスラエル人のユリ・ゲラーは、何度も念力によってスプーンをまげたり、壊れた時計を直したりするわざを披露していた。

人の心を読み、ものを宙に浮かせることだってできる

こうした超人的な力をもつ人たちは、超能力者を名乗った。これらの力が本物なら、私たちが知る世界のあり方は一変してしまう。しかし、のちに超能力者による力の大半は、たくみなトリックによるものだと明らかになった。

それでも、テレパシーやテレキネシスといった力が本当にあるのか確かめるために、世界各国の政府が多額の資金を投じていた。40年以上前、アメリカ軍はスターゲイト・プロジェクトをたちあげ、サイキックの心を読む力を利用して、敵国の兵器のありかや機密情報を探ろうとしていた。だが20年かけて研究しても確かな結果は得られず、プロジェクトは中止された。

70 • 人の心と体の不思議

マジシャンのジェームズ・ランディは、超能力が真実かどうかを追いつづけた。正真正銘のサイキックだと証明できた人に100万ドルの賞金を出すとまで発表した。ランディ自身もマジシャンなので、トリックを使う人はすぐに見抜けただろう。挑戦者の募集は約20年にわたってつづけられたが、賞金を獲得する人は現れなかった。

それでも、テレキネシスやテレパシーといった力が存在しないとはいいきれない。人間のなかには、ほかにもまだ完全には理解されていない不思議な力が、たくさん眠っているからだ。たとえば、プラセボ効果がある。

プラセボ効果

プラセボとは、薬の成分がまったく含まれていないニセの薬（偽薬）のことだ。新しい薬の効果を確かめるために使われている。患者を2つのグループにわけ、1つ目のグループには新しい薬を、2つ目のグループにはプラセボを与えるという試験だ。プラセボは錠剤でも、タブレットでも、シロップでも、本物の薬と見た目はまったく同じだが、薬の成分はゼロ。どちらのグループの人も、飲んだのが本物の薬なのか、プラセボなのか知らない。飲んだあと、各グループの人たちの状態をくらべて、新しい薬の効き具合を確かめられる。

ところが、不思議なのは、プラセボを飲んだのに健康が改善する人がよくいることだ。薬の成分はまったく入っていないのに、プラセボが効いてしまうのはどうしてだろう？

人間は、よくなりそうだと考えるだけで、多くの場合、実際に健康になるということが、科学者の調べでわかった。人は薬を飲むとき、たいていは、これを飲めばよくなると考えている。人の思考に力があることを示す研究結果だ。プラセボは頭痛などの単純な痛みだけでなく、もっと深刻な病気にも効果があることが明らかになっている。

さらに、ニセの薬だけでなく、ニセの手術でも効果があることがわかった。医師が手術をするふりをするだけでも、健康が改善するケースがあったのだ。そして、こうしたプラセボ効果の最も不思議な点は、本物の薬ではなくプラセボを飲んでいると本人が知っていたとしても、それでも効く場合があることだ！　いったいどういうことだろう？　どういうわけか、私たちの心がもつ力は体に影響を及ぼしている。いつか、超能力も本当にあると証明されるかもしれない。

人の心と体の不思議 • 71

ひとりでに人が燃える

不幸な事故？ それとも体が勝手に燃えだした？

ドクター・ジョン・アーヴィング・ベントレー

1966年12月5日、アメリカ、ペンシルベニア州の小さな町クーダーズポートで、ドン・ゴスネルはドクター・ベントレー宅のガスメーターの検針に訪れた。引退したドクターは歩くのがゆっくりなので、玄関でベルを鳴らしてもすぐ出ないときは、家に入ってもいいことになっていた。この日も、ベルを鳴らしてしばらく待ってから、ドンは家に入っていった。

初めは、なにもかも普段どおりだったが、地下におりてガスメーターの検針をしているとき、妙なにおいがすることに気づいた。煙だろうか？ 火事だったら大変なので、異常がないか室内を見てまわっていると……おかしなものがあった。

そこには
小さな灰の山が
残っていた

バスルームでドンが見つけたのは、膝から上がない、スリッパをはいたままの右足と、小さな灰の山。それ以外に、ドクター・ベントレーの体は残されていなかった。気の毒にドクターは燃えてしまったようだが、奇妙なことに、床に丸い焦げ跡がついているだけで、ほかのものはいっさい燃えていない。バスルームはほとんどそのままの状態で、ドクターの杖も無事だった。人ひとり灰になるまで燃えてしまったのに、家のなかは火がついたようすもないなんて、どういうことだろう？ まさに異常事態だった。

コーネリア・デ・バンディ伯爵夫人

1731年4月、イタリア、ボローニャの62歳になるコーネリアは気分がすぐれなかった。その日は早めに寝室に行って、メイドと話したあと寝ることにした。翌朝、朝食の時間になっても起きてこないコーネリアを心配して見にいったメイドは、恐ろしい光景を目にした。

ベッドと窓のあいだに敷かれた絨毯の上にあったのは、小さな灰の山と、3本の指、それに靴下をはいた2本の足の燃えのこりだった。近くには、灰まみれのオイルランプも落ちていた。ねっとりとした煤がいたるところにこびりついている。いったい、なにが起きたのだろう？

この地区の神父、ジュゼッペ・ビアンキーニが呼ばれて調査にあたり、結論を出した。これは人体自然発火現象だ。

MYSTERIOUS DEATH
謎の死をとげた伯爵夫人

人体自然発火現象

火をつけたわけではないのに、物質が自然に燃えだす現象を自然発火という。気の毒なドクターと伯爵夫人の身に起きたのは、この自然発火現象だったのではないかと考える人たちがいる。2人とも灰になっていたのに、まわりのものはほとんど燃えていなかったからだ。

それにしても、人間の体が自然に燃えだすことなんてあるのだろうか？ 自然発火説を唱える人たちは、過去400年間に200件以上、同様の現象が起こっていると主張している。最近では2010年の例もあるという。どういうときに自然発火は起こるのだろう？

原因の1つは、アルコールではないかと考えられている。アルコールは体内で非常に燃えやすい物質になるからだ。また、メタンが原因と考える人もいる。腸内でつくられるメタンガスも燃えやすいので、腸にたまって、なにかの拍子に引火して爆発したのではないかとする説だ。ほかにも考えられる原因はいくつかある。人体をとりまく未知の磁力や電気力、雷、極めつけはレーザー光線……。ただ、大半のまじめな科学者は、不幸な死亡事故の謎を解くための、もっとシンプルな説明があるはずだと考えている。

それはドクターと伯爵夫人の体がロウソク化したという説だ。着ていた服がロウソクの芯の役割を果たし、体の脂肪がロウのように燃えていく。この状態だと人体はロウソクのようにゆっくりと燃えるので、まわりのものには燃えうつらない。でも、そもそも人間ロウソクに火をつけたのはなにか？ メタン？ 磁力？ 伯爵夫人の場合は、体のこりをやわらげるために風呂に入れていた樟脳の精油が原因だったのかもしれない。精油はよく燃えるし、近くにはオイルランプもあった。ドクターの場合は、パイプたばこが好きで、よくマッチを使っていた。つまり、2人とも偶然に自分の体に火をつけてしまったのだろうか？

確かなことはわからない。2人のケースが人体自然発火現象ではなかったとしても、そんな現象がないとはいいきれない……。まだ200件も調べるべきケースがあるのだから！

天空の都市

これほどの都市を築くのは、現代でもとてつもなく大変なことだ。
大昔の人は、どうやって建てたのだろう？

マチュピチュは、ペルーのアンデス山脈高地にひっそりとあった都市の遺跡だ。600年ほど前にインカの人々によって建てられた神秘的な遺跡は、あまり知られていなかったが、1911年にアメリカ人探検家ハイラム・ビンガムが現地のガイドに案内されてここを訪れてから、有名になった。

インカの王族が体を休め、客人をもてなすための住居だったようだが、最近の研究では、単なる王族の住居ではなく、インカの人々が遠くから訪れる巡礼の地だったのではないか、とも考えられている。

山頂に都市を築くには相当な技術がなくてはならない。しかもマチュピチュの遺跡があるのは、地震が多発する地域だ。実際、この都市の建設中にも何度か地震に見舞われたはずだ、と専門家は考えている。

インカの人々は地震があっても倒れない建物をつくるための、特別な建築法を知っていた。石どうしをモルタルでくっつけても、地震で揺れれば崩れる。だから接着剤を使わず、石を信じられないほど正確に切りだして、ぴったりとすき間なく組み合わせる方法をとった。石と石のあいだに紙一枚も差しこめないほどの精密さだ。

マチュピチュを見れば、インカの人々がすばらしい技術力をもっていたとわかる。ただ、文字による記録を残していないため、インカ文明にほかにどんなすごい秘密があったのか、明らかになる日はこないかもしれない。

インカの人々はどうやって山頂に都市を建てた？

先人の知恵・75

ストーンヘンジと地上絵

古代人がつくった不思議なものは世界各地にある。
なんのために、どうやってつくったのだろう？

ストーンヘンジ

イングランド南部の広々としたソールズベリー平原にあるストーンヘンジは、地球上の人工建造物のなかで最も目を見はる光景を生みだしている。この石のモニュメントは何千年も前から立っていて、ずっと考古学者や技術者を悩ませてきた。これをつくった新石器時代の人々は文字による記録を残していないため、いまだにどうやって、どうして建てられたのかわかっていないのだ。

初期のストーンヘンジは環状に石が並べられたシンプルなもので、5000年前につくられたと考えられている。それから石が加えられて、配置も変わっていった。現在、そこを訪れて見られるのは、3500年以上前に建てられた遺跡だ。外側の輪は、サーセン石という巨大な石を立ててつくられており、内側の輪は、それより小さいブルーストーンという石でつくられている。

最大の石は高さ9m、重さ20トン……大人5人分の高さ、ゾウ3頭分の重さを超えている！　新石器時代の人々には手づくりのロープと木の足場しかなかったはずなのに、どうやってこんな巨大な石を立てることができたのだろう？　それに、サーセン石は平原の近くの採石場からとれるが、ブルーストーンは200km以上離れたウェールズにしかない石だ。車輪もまだ発明されていなかった時代に、いったいどうやって石を運んできたのか？　人が引きずってきた？　それとも、船で運んだのだろうか？

そもそもストーンヘンジが建てられた理由がわかれば、謎が解けるかもしれない。人間の骨も見つかっているので、埋葬地だった可能性もある。石そのものからもヒントは見つかっている。1年の決まったときに、太陽や月と位置がぴったり合うことから、季節の移りかわりを示す壮大な暦として使われていた、とも考えられているのだ。ブルーストーンには特別な癒しの力があるとされ、何千kmも離れたところから多くの人が石をさわりに訪れていた、と考える研究者もいる。

結局、この不思議な建造物がどうして、どうやって建てられたのか、いつまでもわからないかもしれない。それでも、石はそこに立っているだけで驚きと感動を与えてくれる！

76 • 先人の知恵

ナスカの地上絵

地球の反対側にも、先人の驚くべき技術力の高さを示す証拠が残されている。ストーンヘンジがつくられてから1500年ほどあとに描かれたナスカの地上絵も謎だらけだ。

ペルー南部の砂漠平原500平方kmのエリアには、およそ400の巨大な絵が刻まれている。地面に描かれているので、地上絵という。鳥、クモ、サル、植物などを描いた絵のほか、三角形や渦まきといったシンボルもある。なかにはエンパイアステートビルくらい大きな絵もあって、高いところから見ないと、なにが描かれているかもわからない。そのため、考古学者が飛行機に乗って空から絵を見られるようになって初めて、ナスカの地上絵がどれほど複雑に細かく描きこまれているかわかった。

ペルーの赤茶色の砂漠に線を描くのは簡単だ。表面の石や岩を取りのぞけば、その下の薄い色をした砂が出てくる。とはいえ、これだけ巨大な絵を、直線や曲線を使って正確に描くとなると、信じられないほど高い技術が必要なはずだ。

昔の人は、どうやって描いたのか？

そしてナスカの地上絵は、いったいなんのために描かれたのだろう？ いろいろな理由が考えられる。これも古代の暦だったのではないか。古代人の星図だったのではないか。砂漠に雨を降らせるための神々への祈りがこめられていたのではないか。いや、ひょっとしたら、地球に立ちよる宇宙船のための滑走路だったのではないか？ 確実な証拠が見つかる日まで、夢はふくらむばかりだ……。

先人の知恵 • 77

不思議な墓と地下通路

祖先が地中に残したものから、当時の穴掘りやものづくりの技術がわかる。

バイエルン州のマンドレイク洞窟

ある日の午後、ドイツ、バイエルン州のアルプス山脈で、ウシの世話をしていたベアテ・グライタナーの目の前から、いきなり1頭のウシが消えた。ベアテが驚いて見にいくと、地面に穴があった。かわいそうなウシは、そこに落ちてしまったのだ。穴の先はエルドシュテーレと呼ばれる謎の地下道で、なかは迷路のように入りくんでいた。

バイエルン州ではエルドシュテーレが700ほど見つかっていて、隣の国オーストリアのものも合わせるともっとある。このトンネルは「小鬼の穴」または「マンドレイクの洞窟」とも呼ばれている。マンドレイクは魔法の力があると考えられていた植物だ。地下10mほどの深さにあるトンネルは最長50mにも及び、通路、う回路、さらには人が立てる広い部屋もある。

研究者によれば、トンネルは1000年以上前からあるが、どうしてつくられたのかわかっていない。単純に、侵略者から身を隠すための場所か、地下の世界にいる死者の魂と話をするための場所だったのかもしれない。どちらの説も証拠はないので、エルドシュテーレはいまも秘密めいた地下世界への謎の入り口だ。

つぼだらけのジャール平原

東南アジアの国ラオスに何百kmも広がる草原には、古代の人がつくった石のつぼが何千個も埋まっている。つぼは人がすっぽり入ってしまうくらい巨大で、重さが14トンもあり、1500年以上前につくられたものだ。

言い伝えによれば、石つぼをつくったのは、かつてこの土地にいた巨人族の王クン・チュンとされている。このつぼで酒をつくり、強敵との戦いの勝利を祝って飲んでいたというのだ。伝説の巨人なら酒つぼにしたかもしれないけれど、現実には、なにに使っていたのだろう？

それは、まだだれにもわかっていない。この平原全体が古代の墓地で、つぼには代々の族長の遺灰が入れられた、と考える研究者もいる。また、つぼの並び方に注目した研究者もいる。つぼがまっすぐに、平原を横切るように並べられているので、風変わりな道しるべだったのではないかと考えているのだ。ついでに、長旅に疲れた旅人たちが飲むための、雨水もためていたのではないか。

もっと研究が進むまでは、謎のつぼのままだ……。

こんな巨大なつぼ、いったいなんのために？

先人の知恵 • 79

墓がない

歴史に名を残した偉大な王や王妃……その亡骸は、いまどこに？

王妃ネフェルティティ

ネフェルティティは古代エジプトで絶大な権力をもっていた女性だ。アクエンアテンという名のファラオと結婚して、ともに国を治め、約3500年前に亡くなった。古代エジプトの記録に、この王妃の名は何度も出てくるので、重要な人物だったのはまちがいない。考古学者が発見した彫像により、どんな顔だったかもわかっている。

でも、墓は見つかっていない

これだけ大きな力をもっていた王妃なら、エジプト王家の女性たちが埋葬された「王妃の谷」に立派な墓がありそうなものだが、見つかっていない。アクエンアテンの墓に夫婦一緒に埋葬されたわけでもなかった。別のファラオ、ツタンカーメンの墓に秘密の部屋があり、そこに埋葬されたのではと考える人もいる。しかし、何年調査をつづけても、本当に秘密の部屋が存在するのかもはっきりしていない。

すでに、ほかのファラオの墓で発見されていたミイラがネフェルティティだった可能性もある。アメンホテプ2世の墓で見つかった、古代の防腐処理をほどこされたミイラは、珍しい耳飾りをつけていた。ネフェルティティが身につけていたものと、よく似た耳飾りだ。とはいえ、このミイラは性別すらさだかではないので、ネフェルティティとはいいきれない。王妃の亡骸が眠る場所は……いまも謎のままだ。

80 • 先人の知恵

アレクサンドロス大王

アレクサンドロスは約2500年前のマケドニアの王だ。軍隊を率いてギリシャから現在のパキスタンまで、当時のギリシャ人が知る全世界を征服し、強大な帝国を築きあげた。20歳の若さで偉業をなしとげる勇敢さと人格により、強者ぞろいの軍人たちから尊敬を集めた。

大王は32歳でこの世を去ったが、現在、墓はどこにあるかわかっていない。王が死んだとき、だれが遺体を埋葬するかをめぐって側近たちが争い、結局エジプトのアレクサンドリアに埋められたといわれている。カエサル、クレオパトラ、カリグラ、ハドリアヌスといった歴史上の重要人物が何人もアレクサンドリアの大王の墓を訪れたらしいが、正確な場所はまったくわからないのだ。

昔からアレクサンドリアは何度も洪水や地震に見舞われて、発見はいっそう難しくなった。アレクサンドロスの時代から地面は約3.5 mも沈下し、古代の都はくりかえし建てなおされてきた。これまで140回以上も発掘調査が行われているが、アレクサンドロス大王の墓は見つかっていない。

チンギス・ハン

東ヨーロッパから日本海域まで、戦いによって巨大なモンゴル帝国を広げたチンギス・ハンは、歴史上最も残虐な王といわれている。およそ900年前に生きていたハンと彼の軍隊は、敵を恐怖におとしいれた。

ハンは死ぬ前に「墓を隠せ」と命じたため、現在もどこに埋葬されたかわかっていない。なぜ墓を隠そうとしたのか？ 奪いとった大量の宝を一緒に埋めたから、ともいわれている。強大な王は死んだあと、どうやって墓が見つからないようにしたのだろう？

まず忠実な兵士たちがハンの遺体を埋葬地に運んだ。そして、道中で会った者は口封じのため皆殺しにしたという。遺体を埋めたあとは、1000頭のウマを走らせて地面を踏みかため、墓の場所がわからないようにした。現在も世界じゅうの考古学者がハンの墓を見つけようとしているが、多くのモンゴル人は偉大な戦士だった王の願いを尊重していて、墓が見つかることを望んでいない。

先人の知恵 • 81

古代世界を読みとく

謎めいた文字が私たちになにかを
伝えようとしている……。でも、なにを?

人が文字を書くようになると、どうしても秘密にしておきたい内容のものも出てくる。たとえば、大事な戦略とか、ラブレターとか。そういうときに役立つのが暗号だ。でも、暗号を解くカギをなくしてしまったらどうなる? ここで紹介するのは、そうやって読めなくなってしまった古代の謎めいた文字が書かれている遺物だ。

ヴォイニッチ手稿

1912年、ポーランド系の古書商ウィルフリッド・ヴォイニッチがイタリアの司祭から購入した本のなかに、謎の手稿が見つかった。ほかの本にまぎれこんでいたそれは、上質な羊皮紙に手書きされた文書だった。1400年代初めごろにイタリアで書かれたもののようだが、作者は不明だ。

題名はなく、だれにも理解できない言葉で書かれていた

240ページにわたって美しい手書きの文字が並んでいるが、どこの国の言葉かわからない。それどころか、文字ひとつとっても、だれも見たことがないものだった。忘れさられた大昔の筆記体なのか、だれかがつくった暗号なのか、大がかりなでっちあげなのか、専門家でも判断できなかった。

手稿には手書きの文字のほかに、図や絵も描かれている。奇妙な植物や入浴する人々の絵、夜空や十二宮の星座を示す図などだ。これらが手稿の内容を示す手がかりになるだろうか。薬草図鑑? 占星術の手引書? ひょっとしてレシピ本? 研究は100年つづいているが、謎を解明できた人はいない。

ファイストスの円盤

1908年、イタリアの考古学者ルイジ・ペルニエルは、ギリシャのクレタ島で青銅器時代の遺跡を調べていたとき、小皿くらいの大きさの奇妙な円盤を見つけた。3500年ほど前につくられたと思われるその粘土盤は、ミノア文明のファイストス宮殿で発見されたため、「ファイストスの円盤」と呼ばれるようになった。円盤の両面には、約240個の符号が渦まき状に刻印されている。

そこには、人の頭、手袋、ネコ、鳥、木など、わかりやすい符号もたくさん並んでいる。符号は30個ほどの「単語」にグループわけされていて、考古学者はなんらかのメッセージがこめられていると考えている。いったい、なにを伝えようとしているのだろう？

大地の女神への祈り、あいさつ文、楽譜など、さまざまな説があるけれども、このままだと解読は難しそうだ。同じ符号を使用した文章がもっと見つかれば、読みとけるかもしれない。暗号を解くカギが出てこなければ、ファイストスの円盤は古代の失われた言語をとどめる遺物のままだろう……。

シューボローの碑文

イングランド中部スタッフォードシャーにあるシューボローホールは、300年ほど前にジョージ・アンソンが建てたジョージ王朝様式の立派な屋敷だ。そこには何人もの歴史家をうならせる、すばらしい彫像がある。女性と3人の羊飼いの姿が彫りこまれた羊飼いの石碑だ。彫像の下には、意味不明の謎の文字が刻まれている……O、U、O、S、V、A、V、V。

なぞなぞみたいだが、解読できる人はいるのだろうか？

羊飼いの彫像はテンプル騎士団の伝説と関係していて、謎の文字は聖杯のありかを示している、と考える専門家もいれば、ジョージが奥方のために考えた秘密の愛の詩じゃないか、と考えるロマンチストもいる。イギリスが誇る暗号解読のプロが挑戦しているけれど……いまのところ成功していない。

謎の遺物 • 83

謎の暗号

過ぎさった時代の意味ありげなメッセージ……それを、いま読んでも意味はある？

隠された黄金

1820年1月、アメリカのバージニア州リンチバーグのホテルにトーマス・J・ビールなる人物が滞在していた。その男性はチェックアウトの際、ホテルの主人ロバート・モリスにカギのかかった金属製の箱をわたし、必ずあとで取りにくると約束した。それから23年、ロバートは待ちつづけたが、ついにトーマスは亡くなったのだろうとあきらめて、箱を開けることにした。箱には数字が書かれた紙が3枚入っていて、これらは隠された財宝のありかを示していると説明書きもそえられていた。

これは暗号だ！ 秘密の暗号を解くカギとなるコードブックを使えば、数字を文字に変換して、英語のメッセージを読める。しかし、3枚とも異なる暗号で書かれていて、コードブックも見当たらなかった。

1800年代末、奇跡的に3枚中1枚の暗号を解読できた。そこには、トーマスがアメリカのベッドフォード郡のどこかに6000万ドル相当の財宝を隠したと書かれていた。正確な隠し場所は、ほかの2枚の暗号も解ければわかるようだが……いまのところ解読できた人はいない。

この暗号を解読できたトレジャーハンターはいない！

ドラベッラの暗号

1897年、イギリスの作曲家エドワード・エルガーと妻キャロラインは友人宅のペニー家に数日滞在した。後日、キャロラインが送った礼状には、エドワードがドーラ・ペニーにあてて書いた手紙も同封されていた。その手紙にいったいどんなメッセージがこめられているのか、120年以上たったいまでもわかっていない……。

「ドラベッラの暗号」と呼ばれる手紙には、87個の文字らしきものが書かれている。ただの模様のようにも見える、これらはいったいなにを意味しているのだろう？ 何年もかけて、さまざまな方法で解読しようとしたけれど、わからずじまいだ。ドーラとエドワードは一緒に過ごしているとき、よくなぞなぞ遊びをして、2人ででっちあげた言葉を話したりもしていたそうだ。そのため、このミミズみたいな文字も秘密の符号の一種で、暗号を解いたらおもしろいことが書いてあるはず……と信じている人は多い。

力つきた伝書バト

1982年、イングランドのサリー州で煙突の修理をしていたデイヴィッド・マーティンは、かぼそい鳥の骨を見つけた。かわいそうに、煙突から出られなくなったのだろう。

どこにでもいる鳥だと思ったが、よく見ると足に小さなカプセルが取りつけられていて、「伝書バト」と書いてある。これは手紙を運ぶハトだったのだ。第二次世界大戦中は、数百km離れた戦場と国とのあいだでメッセージをやりとりするために、25万羽もの伝書バトが使われていた。

慎重に通信カプセルのふたを開けてみると、手書きのメッセージが入っていた。5文字の「単語」が27個あるが、RQXSR、JRZCQ、CMPNWなど、どれも文字がランダムに並んでいるようで、意味がわからない。

伝書バト

いったい、なにが書いてあるのだろう？

イギリスの政府通信本部（GCHQ）にいる極秘の暗号解読チームでさえ、解読できなかった。ひょっとしたら、この伝書バトが発見された場所にヒントがあるかもしれない。そこは、戦時中イギリスの暗号解読者の本部があったブレッチリーパークと、多くの連合軍兵士が作戦に参加したノルマンディーとの、ちょうど中間地点だ。このハトは、前線の兵士たちに重要なメッセージを届けようとしていたのだろうか。

謎の遺物 • 85

呪いか偶然か？

こんなに美しい宝石を身につけられるなら、命も惜しくない？

ホープダイヤモンド

　ホープダイヤモンドはクルミ大の、まばゆい青色に輝く宝石だ。重さは45カラット以上、2億5000万ドルを超える価値があるとされるこのダイヤモンドは、1830年にこれを購入したイギリスの作家トーマス・ホープにちなんで名づけられた。現在はアメリカのワシントンにある博物館に飾られているが、過去にはこの宝石にまつわる謎めいた逸話がたくさんあった。この宝石には呪いがかかっていて、所有者に不幸しかもたらさない……と信じる人もいる。

　かつてホープダイヤモンドはインドの寺院にある彫像の目に埋めこまれていたが、1人の僧がこれを盗みだした。それからフランスの商人ジャン＝バティスト・タベルニエの手にわたり、1668年にフランス国王ルイ14世に売却されたが、その直後、タベルニエは野犬の群れに襲われたという！　その後もこの宝石を所有した多くの人——ロシアの王子、トルコのスルタン、ギリシャの王女などが悲惨な最期をとげたと語られている。

HOPE DIAMOND
ホープダイヤモンド

黒太子のルビー

　黒太子のルビーには、まさに血ぬられた歴史がある。1300年代、この宝石を所有していたのはスペイン、グラナダのスルタンだったが、カスティーリャの残酷王ペドロの裏切りにあい、殺されてしまう。ペドロは和平の話し合いをしようといってスルタンをおびきよせ、命だけでなく宝石も奪ったのだ！

　何年かのち、ペドロはイングランド国王エドワード3世の息子である黒太子と協力関係にあった。そのころ呪いの噂を耳にしたのか、ペドロはルビーを気前よく黒太子に贈った。結果、2人とも不幸になった！　まもなくペドロは戦いで死に、黒太子も長く苦しんで命を落とした。黒太子の息子で、ルビーと王位を継いだリチャードも、ほどなくして次の王ヘンリー4世によって死に追いやられた。

THE BLACK PRINCE'S RUBY
黒太子のルビー

所有者がことごとく恐ろしい目にあうのは、
本当に宝石のせい？

コ・イ・ヌール・ダイヤモンド

1849年、インド、パンジャーブ地方の幼い君主ドゥリープ・シングはイギリスのビクトリア女王にコ・イ・ヌール・ダイヤモンドを贈った。コ・イ・ヌールは「光の山」を意味し、その名のとおり、目もくらむほどの美しさだが、750年の呪いを秘めた宝石でもあった。神と女性以外がこのダイヤを身につければ、恐ろしい危険が降りかかると言いつたえられていた。

イギリスの所有物となる何百年も前から、このダイヤはアジアで戦乱が起こるたび、数々の支配者の手に渡っていた。そして、所有者は次々と不幸な死をとげた。イギリスに渡るときさえも、謎の呪いのせいなのか、多くの船員が病に倒れた。

現在も、このダイヤはイギリス王室に所有されている。このダイヤが飾られた王冠をつけるのは女性だけだ。王室の人たちも呪いを信じているからだろうか？

KOH-I-NOOR DIAMOND
コ・イ・ヌール・ダイヤモンド

> どの宝石も歴史に血の跡を残している

本当に宝石の呪いなのか？

こうした逸話のなかの死や不幸はすべて、本当に美しい宝石の呪いなのだろうか？ 血も涙もない支配者は、きらびやかな宝石があってもなくても、たいてい権力をめぐって戦っている。とはいえ、これらの宝石がどれも歴史に血の跡を残しているように見えるのは確かであり、やはり不可解だ……。

謎の遺物 • 87

ドクロ工作

謎めいた由来をもつ3つのドクロを紹介しよう。

サルのドクロ

北アイルランドの町アーマーの近くに、丸いこぶのような変わった地形がある。真ん丸な大きな丘の上に、小さな丸い盛りあがりが2つある。自然に丸い地形ができるのは珍しいので、人がつくったものにちがいないと考えられている。

考古学者は、ここが約2500年前に建てられた鉄器時代の砦の跡であることを突きとめた。当時ここにどんな人たちが住んでいたのか、よくわかっていないが、イングランドを征服したローマ人は、北アイルランドには人を生けにえとして神にささげる野蛮な民族が住んでいる、と書きのこしている。

ところが奇妙なことに、砦跡から出てきたのは人ではなくサルの骨だった！

1971年、この砦跡からバーバリーマカクというサルの頭蓋骨が1つ見つかった。バーバリーマカクは北アフリカやジブラルタル──つまりここから3000kmも南に生息する種で、昔からペットとして飼われていた証拠も残っている。また、死んでからもサルのドクロは貴重品としてヨーロッパじゅうで取引されていた、と専門家は考えている。では、このサルも2000年以上前に、湿気が多く寒風ふきすさぶ北アイルランドでペットとして生きていたのだろうか？　それとも、高価なおみやげとして、だれかがドクロを買ってきたのだろうか？

古代人の水晶ドクロ？

　1924年、探検家フレデリック・ミッチェル＝ヘッジスは、中央アメリカにあるベリーズの密林で、1000年以上前に建てられたと思われるマヤ神殿の遺跡を発掘した。数年後、その遺跡から見つかったという驚くべき遺物を、ヘッジスの娘アンナが公開した。それは、ひとかたまりの水晶から彫られた、精巧なドクロだった。

　その美しいドクロには呪いがかけられており、アンナは「破滅のドクロ」と呼んでいた。中央アメリカでは同じようなドクロがいくつか見つかっていて、これらは何千年も前に栄えた古代文明の遺物だと信じている人もいる。水晶ドクロを13個集めれば、人類の存亡にかかわる重大な秘密を知ることができるという予言もあった。

水晶ドクロには人類がまだ知らない強大な力が秘められている？

　いっぽうで、水晶ドクロは古代マヤ文明の遺物ではないと考える人もいる。実際、くわしく調査したところ、ドクロからは近代の技術を使って加工した跡が見つかっている。「破滅のドクロ」の歴史は、水晶ほど透明ではないようだ。

ヴァンパイア封じ

　考古学者がポーランドのドラフスコとイタリアのベネチアで400年前の墓を掘りかえし、何百体もの遺体を調べたところ、口に大きな石を押しこまれた骨がいくつか見つかった。それだけでなく、大きな鎌で首を地面に固定されていた。いったい、なんのために？

　これらは「ヴァンパイアの埋葬法」として知られている。口に石を押しこむのは、生きている人に食らいつかないようにするためだ。鎌は、死者が起きあがろうとしたときに首を切断するためにある。なんて恐ろしい埋葬法だ！

　当時のヨーロッパは、それだけ暗く苦しい時代だったのだろう。たくさんの人が伝染病で亡くなっていた。いまでは、ペストのような伝染病はネズミのノミを介して広がるとわかっているが、昔の人には、なぜ人が次から次へと死んでいくのか理解できなかった。ヴァンパイアのしわざではないかと恐れ、死体をよみがえらせないために、できる限りのことをしたのだ……。

謎の遺物 • 89

驚くべき古代の遺物

未来を予知するコンピューターに、つぼ電池に、ジェット機。
古代人の知恵は私たちの想像をはるかに超えていたのだろうか？

2000年前のコンピューター

1901年、ギリシャのアンティキティラ島沖で、潜水士たちが2000年前の宝を積んだ難破船を発見した。彫像や硬貨とともに見つかった、靴箱くらいの大きさの金属と木でできたかたまりには、驚くべき秘密が隠されていた。これは連動する30以上のブロンズ製の歯車によって、箱の前後にある目盛り盤や針が動く、時計に似た奇妙な機械だったのだ。

はるか昔の祖先は、どうやってこんな複雑な機械をつくったのか？

古代の遺物のなかで、ここまで複雑な機械が見つかったのは初めてだった。いったいなんの目的で使われていたのだろう？
専門家は長いあいだ、この機械の仕組みを理解しようと研究をつづけてきた。そしてついに、プログラム可能な古代のコンピューターであるとわかった。これを使えば何百年も先の太陽、月、惑星の位置、月の満ち欠け、日食や月食が起こる日を予測できる。その情報にもとづいて、祝祭日や作物の植えつけをする日、戦争を始める日まで決めていたのかもしれない。

使い道がわかっても、まだ謎は残る。同じくらい複雑な仕組みの時計が発明されるのは、アンティキティラの機械より1500年もあとのことだ。それよりはるか昔の祖先は、どうやってこんな複雑な機械をつくったのだろう？

古代の電池?

古代文明人は電気を使用していたにちがいない、とする説がある。80年以上前、考古学者のヴィルヘルム・ケーニッヒは現在のイラクの都市バグダッドの近くで、奇妙なものを発見した。見つけたのは約2000年前につくられたテラコッタ製のつぼで、そのなかには丸めた銅板と鉄の棒が入っていた。

ヴィルヘルムは化学にくわしかったので、つぼに酢のような酸性の液体を入れれば、金属と酸が反応して電気が発生するのではないかと思いついた。つぼのなかを調べてみると……酢が入れられた跡がある! これは世界最古の電池なのだろうか?

このつぼが本当に古代の電池なら、歴史を変える大発見だ。これまでは、1800年にイタリア人アレッサンドロ・ボルタがつくったものが、世界初の電池だと考えられてきたのだから。それにしても、古代人はつぼ電池をなにに使っていたのだろう? どこから電気をつくる技術を学んだのか? そして、このつぼ電池以外に電池や電気を使っていた証拠が見つかっていないのは、なぜか? そもそも、これらが電池でないなら、いったいなにに使うものだったのか?

宇宙人に飛行技術を教わった?

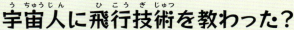

1900年代初め、南米コロンビアでは古代の黄金製の装飾品がいくつも見つかっていた。1000年ほど前にキンバヤ族の人々がつくったものと思われるため、「キンバヤの遺物」と呼ばれている。どれも数センチほどの小ささだが、精巧なつくりで、いくつかは不思議なくらい飛行機に似ている! でも、古代の人たちがどうして飛行機を知っているのだろう? 飛行機なんて発明されていなかったはずだ!

これらのミニ飛行機はさらにすごかった。1994年に3人のドイツ人研究者が遺物のサイズを大きくしたモデルをつくってエンジンをつけてテストしたところ、実際に飛行したのだ!

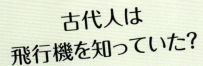

つまり古代人は飛行技術をもっていたのか? だとすると、その技術を自分たちで考えだしたのか、それとも地球外からの訪問者に教わったのだろうか? これらの黄金ジェット機は、古代人が宇宙人から飛行技術を教わった証拠だと信じている人たちもいる。

地球外生命体が地球に立ちよっていたなら驚きだが、残念ながら、考古学者たちはその可能性は低いと考えている。本当に宇宙人と交流があったのなら、キンバヤ族は記念にミニ飛行機をいくつかつくるだけで、なぜ技術をもっと利用しなかったのだろう? 宇宙人のために神殿や彫像をつくっていたのだろうか?

これらの遺物が飛行機ではないとしたら、なにをモデルにしたと考えられるだろう? 飛行機に似たもの以外の黄金の装飾品は、虫やカエルなどの生き物に似ている。そのため、飛行機に見えるものも、実は変わった見た目の鳥や魚にちがいない、と考古学者は考えている。

謎の遺物 • 91

用語解説

愛好家
特定のテーマや趣味にとても関心がある人。

アルキメデスの螺旋
ハンドルをまわして水をくみあげるポンプ。古代の数学者アルキメデスが考えたといわれる。

遺物
過去の時代の貴重なもの。

隕石
宇宙から地球に落ちてきた石。

宇宙飛行士
宇宙船や宇宙ステーションの乗員になって宇宙に行く人。

化学
物質どうしの反応や結合について研究する自然科学の一分野。

カラット
宝石の重さを表す単位。

騎士道
一般に礼儀正しく、感じよく振るまおうとする騎士の精神的規範。

技術者（エンジニア）
エンジンや機械や構造を設計したり、つくったり、管理したりする人。

奇跡
現代人が常識として理解している自然の法則では説明できないため、超自然的な力によってなされたと信じられている出来事。

軍隊
国で組織された軍人の集団。陸軍、海軍、空軍がある。

考古学者
昔の人がつくった古いものを調べて、過去のことを研究する人。

鉱物
岩石や土など自然に存在する固体。銅のように1つの元素からなるものと、石英のように複数の元素が結合しているものがある。

コードブック
暗号を解読するための方法や、暗号が表す意味を記した記録のこと。

黒太子
イングランド国王エドワード3世の息子で、黒い鎧を身に着けていたことから黒太子と呼ばれている。宝石は英国王室に受けつがれ、現在は、大英帝国王冠に据えられている。また研究の末、この石はルビーではなくスピネルであることが判明している。

催眠術
暗示をかけて、睡眠に似た状態に導く方法。

十二宮
太陽の道すじを12等分し、おひつじ座などの星座を配したもの。占星術における十二星座。

主の祈り
キリスト教の聖書で、イエスが弟子たちに教えた祈り。

証拠
真実かどうかを判断するための情報や事実。

植民地
ある国から集団が移住するためにつくった地域。

進化
地球で初期の生物がしだいに変化して、現生の多様な生物が生じた過程。

新石器時代
石器時代のうち最後の先史時代。

神話
古くから語りつがれている物語。出来事や現象を超自然的な存在の関与の結果として説明している。

生命体
有機体ともいう。動物、植物、細菌などの微生物も含む。

占星術
星の動きによって人の運勢を占う術。

祖先
大昔に生きていた初代から、現在にいたるまでの血統につらなる人々。

ソナー
水中の物体を、音波を利用して探知する手段。

ダイアベイス
輝緑岩とも呼ばれる、とても硬い石。非常に高温下で形成される。

大気
地球やほかの惑星をとりまく気体の層。

地質学者
岩石や地球について研究する人。

中世
西洋史では500～1500年ごろの時期。

超常現象
不思議な出来事。感覚によってとらえられるけれども、説明のつかない物事。

超能力者（サイキック）
他人の心を読む力など、科学では説明のつかない力をもっている人。

でっちあげ
いたずらなどで事実とちがうことを本当だと思わせて、だますこと。

伝説
古くからその場所で信じられ、語りつたえられていた話。

天文学者
宇宙や銀河系や星について研究する人。

トランス状態
精神状態が、ふだんとはかけ離れているようなようす。神がかったようになったり、別人のようになったりすることもある。

微生物
きわめて小さな生き物。

氷河
ゆっくり流動する巨大な氷体。

ブリトン人
イギリスの先住民族のひとつ。

分子
複数個の原子が結合したもの。

文明
特定の集団のあいだで発達した文化や生活様式。

放射線
特定の物質から出される粒子や電磁波のこと。レントゲンのX線など。

民間伝承
特定の文化や地域の人たちに古くから受けつがれてきた習俗や物語。

迷信
科学的根拠のない、魔法や運に頼る不合理な信仰。

モニュメント
特別な出来事や場所を記念してつくられた彫像や建造物。

誘拐
人を無理やり連れていくこと。

妖精
神話、伝説、おとぎ話に登場する架空の存在。

予言
未来の出来事をあらかじめいうこと。

粒子
物質を構成する微細な粒。

ロジック
複雑なアイデアを一連のシンプルなアイデアにわけて考える思考法。

93

索引

ア行
アーサー王　6, 13
悪魔　44, 63, 66, 67
アトランティス　54
アメリア・イアハート　8
アルキメデスの螺旋　56, 92
アレクサンドロス大王　81
暗号　82–85
アンティキティラの機械　6, 90
イエティ　7, 41
石　13, 30, 52, 63, 75–77, 79, 89
遺物　6, 82, 83, 89–92
岩　25, 30, 31, 33, 42, 51, 77
インカ　74, 75
隕石　27, 28, 92
インターネット　7, 51
ヴァンパイア　12, 89
ヴィネタ　55
ヴェルサイユ　64
ヴォイニッチ手稿　82
渦　35
宇宙人　7, 9, 18, 20–23, 25, 26, 28, 35, 91
宇宙船　18, 21, 77
エリア51　23
エルドラド　58
円卓の騎士　13
黄金　58, 84, 91
オーロラ　25
おとぎ話　66
音楽　68
女教皇ヨハンナ　13

カ行
海賊　16, 59, 61
怪物　7, 36–38, 40, 41, 43, 44, 47
科学　6, 7, 24, 25, 51, 62
火山　29, 35
化石　39, 50
神　25, 31, 34, 54, 55, 58, 77, 87, 88
騎士　13, 48
技術　35, 50, 58, 74–78, 89, 91
気象現象　26, 35
奇跡　27, 84, 92
恐竜　39, 47
金　30, 52, 55, 58, 60, 61
金鉱　60, 61
空中庭園　6, 56, 57
クラーケン　36
クロッカーランド　53
獣　42, 43
考古学者　15, 49, 50, 56, 76, 77, 80, 81, 83, 88, 89, 91, 92
降霊会　62
コードブック　84, 92
黒太子　86, 92
古代エジプト　80
古代ギリシャ　27, 56
暦　76, 77

サ行
催眠術　21, 92
サイレントゾーン　28
砂丘　31, 32
砂漠　6, 26, 28, 32, 34, 77
地震　74, 75
自然現象　24–35
ジャージー・デビル　44
写真　9, 46, 47
集団ヒステリー　68, 69
十二宮　82, 92
磁力　25, 29, 31, 73
寺院　86
進化　50
蜃気楼　17
新石器時代　76, 92
人体自然発火現象　72
神殿　56, 89, 91
神話　7, 13, 25, 29, 34, 38, 52, 58
水晶　89
ストーンヘンジ　6, 76
聖杯　83
セイラム　67
世界の七不思議　56
絶滅　39, 51
潜水艦　37
占星術　82, 92
祖先　6, 50, 78, 90, 92
空飛ぶ円盤　18, 20, 23, 35

タ行
ダイアベイス（輝緑岩）　31, 92
第一次世界大戦　37
第二次世界大戦　85
ダイヤモンド　86, 87
太陽　25, 76, 90
宝（財宝）　52, 58, 60, 61, 81, 84, 90
竜巻　27
地下道　48, 78
地球外知的生命探査（SETI）　22
地上絵　77
地図　33, 36, 52, 53, 60
血の雨　26
血の滝　33
超常現象　24, 93
超能力者（サイキック）　70, 71, 93
チンギス・ハン　81
墜落　9, 23, 28
月　76, 90
テクノロジー　6, 23
デスバレー　30
でっちあげ　28, 35, 42, 46, 47, 49–51, 82, 85, 93
テレキネシス（念動力）　70, 71
テレパシー　70, 71
電気　91
伝説　7, 13, 17, 35, 36, 41, 48, 79, 83, 93
伝染病　89
電波望遠鏡　22
テンプル騎士団　48, 49, 83
洞窟　48, 49
ドクロ　88, 89
都市　28, 54, 55, 56, 58, 74, 75, 91
ドラキュラ　12
ドラゴン（竜）　12, 13, 34, 35

ナ行

ナスカの地上絵　77
なぞなぞ　83, 85
南極　25
南極大陸　33
人魚　36, 55
ネッシー　38, 39, 47
ネフェルティティ　80
呪い　17, 44, 66, 67, 86, 87, 89

ハ行

ハイ・ブラジル　52
墓　7, 12, 78–81, 89
バビロン　6, 56–57
バミューダ・トライアングル　29
ビッグフット　7, 40, 41
ピラミッド　6, 56
ピルトダウン人　50
ファイストスの円盤　6, 83
フェアリーサークル　34
符号　83, 85
フライング・ダッチマン　17
プラセボ効果　71
ブラム・ストーカー　12
ブリトン人　13, 93
ブレッチリーパーク　85
フレデリック・ヴァレンティッヒ　9
文明　54, 75, 83, 89, 91, 93
ベジタブルマン（野菜男）　44
望遠鏡　→電波望遠鏡の項を参照
宝石　54, 58, 86, 87
北極　25, 53
北極光　25
ボドミンムーアの獣　42
骨　8, 41, 42, 50, 76, 85, 88, 89
ポルターガイスト　7, 62, 63, 65

マ行

マジシャン（手品師）　70, 71
マジック　70
魔女　66, 67
魔女裁判　67
マチュピチュ　74, 75
魔法使い　13, 49, 52
マリー・アントワネット　64
未確認生物　7, 38, 41
未確認飛行物体　→UFOの項を参照
ミステリーサークル　35
民間伝承　7, 93
メアリー・エンプレス　11
メアリー・セレスト号　6, 16
迷信　17, 93
女神　83
モスマン（蛾男）　45

ヤ行

UFO　9, 18–21, 23, 24, 28
幽霊　7, 16, 17, 55, 62, 64, 65
幽霊船　16, 17
幽霊ハンター　62, 65
雪男　41
妖精　34, 46, 93
ヨーウィー　41
予言　89, 93
予知　45, 90

ラ行

ライトピラー　24
リベルタティア　59
霊媒師　62
霊　38, 62, 63
レーザー光線　58, 73
ロアノーク　14, 15
ロズウェル　23

ワ行

WOW！シグナル　22
惑星　9, 22, 90

世界のミステリー100図鑑

2024年9月1日　第1刷発行

文／トム・アダムス
絵／ヤス・イマムラ
訳／多田桃子
翻訳協力／株式会社トランネット　https://www.trannet.co.jp/
日本語版編集・DTP ／リリーフ・システムズ
日本語版表紙デザイン／安東由紀

発行者／落合直也
発行所／ BL出版株式会社
〒652-0846 神戸市兵庫区出在家町2-2-20
Tel.078-681-3111　　https://www.blg.co.jp/blp
印刷・製本／ TOPPANクロレ株式会社

Japanese text copyright © BL publishing Co., Ltd. 2024
NDC440.9　96p　30×26cm
ISBN978-4-7764-1141-3 C8601
Printed in Japan